JESPER JUUL

Nein aus Liebe

Beltz Taschenbuch 940

Inhalt

Einleitung

»*Darf ich heute länger aufbleiben?*«
»*Dafür bist du noch zu klein ... außerdem bist du so müde.*«

»*Warum darf ich kein Tattoo bekommen?*«
»*Siehst du denn nicht selbst, dass das billig aussieht?*«

»*Ich will ein Eis haben!*«
»*Es ist nicht gut, zu viel Eis zu essen. Davon bekommt man Bauchschmerzen.*«

»*Wollen wir nicht früh ins Bett gehen und ein bisschen Spaß miteinander haben, wenn die Kinder schlafen?*«
»*Findest du wirklich, dass das im Moment so viel Spaß macht?*«

»Ich will nicht in den Kindergarten!«

»Ach, Unsinn! Du gehst doch so gern in den Kindergarten!«

»Ich finde, wir sollten an Ostern mal wieder deine Eltern besuchen.«

»Sagst du nicht ständig, dass wir zu wenig Zeit füreinander haben?«

»Kannst du mir 20 Euro für die Party am Samstag geben?«

»Du hast doch vorgestern erst Taschengeld bekommen.«

Solche Antworten sind in Familien häufig zu hören. Doch was sollen sie eigentlich bedeuten? Ja? Nein? Oder vielleicht?

Alle Liebesverhältnisse werden durch ein Ja besiegelt, das aus vollem Herzen kommt. Das ist das sprachliche Symbol der Liebe, das wir zum Ausdruck bringen, wenn wir uns entschließen, mit einem anderen Menschen zusammenzuleben. Wir versichern einander die Aufrichtigkeit unserer Gefühle und gehen eine Verpflichtung ein, die Bestandteil des Traums von einem gemeinsamen Leben ist. Es sind dieselben Worte, die Neugeborene oder adoptierte Kinder in den Augen ihrer Eltern sehen sollten – als gemeinsamer Beginn einer lebenslangen Beziehung.

Im Leben der meisten Menschen gibt es Augenblicke, in denen dieses kleine Wort wie das größte Geschenk erscheint. Es ist das entscheidende Symbol der Offenheit sowie des Vertrauens und Willens eines anderen Menschen, einen gemeinsamen Raum zu schaffen, in dem die Einsamkeit für eine Weile in den Hintergrund gedrängt wird. Sei es der erste pubertäre Kuss, das einstudierte und doch so hingebungsvolle Ja der Hochzeit oder das Erlebnis, in den vertrauensvollen Augen eines Säuglings zu »ertrinken« – stets wird man von dem Gefühl überwältigt, ein wunderbares Privileg zu empfangen. Oft nehmen wir uns vor, alles dafür zu tun, um uns dieses Ja eines anderen Menschen zu verdienen, und ebenso oft lässt der Alltagstrott diesen Vorsatz in Vergessenheit geraten.

So verliert das Ja allmählich den Charakter eines Geschenks und wird zunehmend als Forderung oder Pflicht empfunden, und zwar nicht nur in unserem eigenen Bewusstsein. Der Partner fordert ein bedingungsloses Ja. Die Lehrer in der Schule meinen, ein Anrecht auf das Vertrauen der Schüler zu haben. Unsere Eltern gehen stillschweigend davon aus, dass wir sie hin und wieder besuchen. Im selben Maße, in dem die spontane Freude am Geben und Nehmen eingeschränkt wird, schwinden die Liebe und das Vertrauen zueinander. In der Partnerschaft kündigt sich auf diese Weise oft das verflixte siebte Jahr an, während diese Situation zwischen Eltern und Kindern spätestens dann eintritt, wenn die Kinder so gut sprechen gelernt haben, dass ihre wachsende Autonomie die Erwartungen und Träume der Eltern durcheinanderbringt.

Es geschieht eine Veränderung, wenn die Erwachsenen beginnen, sich ihrer Verpflichtung, Ja zu sagen, zu entziehen. Entweder signalisieren sie das Nein durch ihr Verhalten, oder sie murmeln »ja, ja« – was dasselbe wie ein Nein ist –, oder sie machen sich gegenseitig etwas vor, weil sie die Beziehung zunehmend als Gefängnis empfinden. Die Pflicht, Ja zu sagen, tötet die Lust und fördert die Sehnsucht.

Zwischen Eltern und Kindern stirbt die Liebe nicht so schnell, doch vergessen Eltern oft, das Geschenk ihrer Kinder entgegenzunehmen, wenn diese beginnen, Nein zu sagen. Es ist ein Nein, das vollkommen unverblümt und sozusagen reinen Gewissens daherkommt und nicht verschleiert oder mit latenten Vorwürfen behaftet ist, wie das beim Nein der Erwachsenen häufig der Fall ist.

Diese nehmen das Nein der Kinder oft persönlich und übersehen dabei, dass die Kinder diese Aussage in erster Linie an sich selbst und nicht gegen die Erwachsenen richten. Die Kinder ziehen damit ihre individuellen Grenzen und zeigen den Erwachsenen, wer ihr Kind eigentlich ist, das sie so bedingungslos liebt. Natürlich ist dies kein bewusster und durchdachter Vorgang, doch lohnt es sich, ihn so zu betrachten.

In den letzten fünfzehn Jahren wurde die Erziehungsdebatte dermaßen vom »Setzen von Grenzen« dominiert, dass man den Eindruck gewinnen konnte, dies sei der Dreh- und Angelpunkt im Verhältnis zwischen Eltern und Kindern. Die scheinbare Notwendigkeit, Kindern Grenzen zu setzen, hat inzwischen einen nahezu religiösen Status erlangt, und wehe dem, der sich diesem Dogma nicht beugt. Verantwortungslosigkeit und Faulheit sind die gängigsten Vorwürfe, die dann erhoben werden. Zudem scheint mir eine neue pädagogische Primitivität auf dem Vormarsch zu sein – angeführt von unbeirrbaren »Super-Nannys« und Verhaltens-psychologen, die uns weismachen, jede noch so chaotische Familie binnen weniger Tage in einen Hort der Ruhe und Harmonie verwandeln zu können.

Es ist bemerkenswert und äußerst bedenklich, dass das Bedürfnis der Erwachsenen, den Kindern Grenzen zu setzen, im selben Maße gestiegen ist, in dem der physische und psychische »Spielraum« der Kinder dramatisch eingeschränkt wird. Viele sehen nur, dass Kinder heutzutage »freier« im Umgang mit Erwachsenen sind und von der Wirtschaft als Konsumenten geschätzt werden. Sie haben jedoch keinen Blick dafür, dass die Möglichkeiten der Kinder, nach ihren eigenen Vorstellungen und ohne die Einmischung der Erwachsenen miteinander zu leben und zu spielen, allmählich gegen Null gehen. Noch vor einer Generation war es dieser von Erwachsenen unbehelligte Raum, in dem die Kinder das entwickelten, was heute »soziale Kompetenz« genannt wird und was weder von Eltern noch von Schulen und Kindergärten gelehrt werden kann, so sehr sich diese auch darum bemühen. Die Kinder von heute sollen vor allem »funktionstüchtig« sein, um einen menschenfeindlichen Ausdruck zu benutzen – eine Uniformierung, die allmählich zur kollektiven Zwangsjacke wird.

Dieses Buch handelt also nicht von der Notwendigkeit, Kindern Grenzen zu setzen oder in möglichst kurzer Zeit möglichst viel Macht über andere Menschen zu erlangen. Es handelt davon, wie wichtig es für die Qualität unserer nahen Beziehungen ist, dass wir zu anderen Nein sagen können, weil wir zu uns selbst Ja sagen müssen.

Es handelt davon, warum wir uns – im Interesse aller – definieren und abgrenzen müssen und wie wir dies tun können, ohne andere zu kränken oder zu verletzen.

Darüber hinaus sollten wir lernen, all dies guten Gewissens und in dem Bewusstsein zu tun, dass wir unseren Kindern damit gute Rollenvorbilder sind.

Vor allem in Liebesbeziehungen lernen wir uns selbst tiefer und besser kennen. Wir werden offener und verletzlicher, wenn wir jemand lieben, und sind bereit, zugunsten von Nähe und Gemeinsamkeit freiwillig unsere Grenzen zu opfern. Indem wir selbst reifen und die Beziehung sich entwickelt, lernen wir neue Seiten an uns kennen. Einige Grenzen lösen sich auf, während neue hinzukommen oder sich zurückmelden. Alte Wunden verheilen, neue werden geschlagen. Das enge Zusammenspiel in der Familie beschert uns im übertragenen Sinne manche Schrammen und blauen Flecke. Aus ihnen lernen wir etwas über uns selbst und die anderen. Wir lernen, uns derer anzunehmen, die verletzt wurden. Wir lernen, die anderen zu respektieren und unsere Grenzen zu markieren, damit unser Verhalten eine größere Klarheit bekommt. Wenn wir lernen, uns deutlicher zu artikulieren, fühlen wir uns nicht nur wohler in unserer eigenen Haut, sondern werden auch wertvoller für unsere Mitmenschen.

Dieses Buch ist aus tiefem Respekt vor einer Elterngeneration entstanden, die als erste überhaupt versucht, ihre Elternrolle von innen heraus zu entwickeln – ausgehend von ihren eigenen Gedanken, Gefühlen und Werten –, weil es keinen kulturellen oder sachlich begründeten Konsens mehr gibt, auf den sie zurückgreifen kann. Gleichzeitig muss sie eine gleichwürdige Paarbeziehung schaffen, die einerseits den Bedürfnissen des Einzelnen, andererseits den Forderungen der Gemeinschaft Rechnung trägt. Wenn dies gelingen soll, müssen wir die Kunst erlernen, Nein zu sagen.

Ich bezeichne dies als Kunst, weil sie von innen kommen, persönlich sein und »Eindruck« machen muss. Die Alternative besteht in der stereotypen Wiederholung unspezifischer Vorwürfe (»Wie oft muss ich das noch wiederholen? Ich habe das doch schon hundert Mal gesagt!«), worunter unsere Würde und unser Selbstrespekt leiden.

Letztlich können wir nur dann aus vollem Herzen Ja zu uns und zueinander sagen, wenn wir auch zu einem authentischen Nein in der Lage sind.

Die Kunst,
Nein zu seinen Kindern zu sagen

Die meisten Eltern würden am liebsten immer Ja zu ihren Kindern sagen. Wir wollen ihnen alles geben, was in unserer Macht steht, und würden sogar unser Leben für sie opfern. Das ist vollkommen logisch, denn das Ja ist das Symbol für die Liebe schlechthin. Es ist das entscheidende Codewort, mit dem wir uns signalisieren, dass alles so ist, wie es sein soll. Im Grunde wäre nichts dagegen einzuwenden, immer nur Ja zu sagen, käme es stets aus ganzem Herzen und wäre frei von strategischen Hintergedanken und Erwartungen. Aber das ist eine Illusion, denn »Ja-Sager« ertragen es nur selten, wenn sie ein Nein hören.

Liest man die pädagogische Literatur der vergangenen Jahrhunderte und lauscht den Erfahrungen seiner Mitmenschen, dann besteht kein Zweifel, dass Eltern stets Schwierigkeiten mit dem Nein hatten. In manchen Zeiten haben die Eltern allzu oft Nein gesagt, in anderen viel zu selten. Die Zeitgenossen meiner Eltern entschieden sich im Großen und Ganzen für folgende Strategie: Sie sagten sicherheitshalber fast immer Nein. Diese Abweisungen wurden in der Regel von strengen Mienen und scharfen Stimmen begleitet, die ihr Unbehagen und ihre Sehnsucht zum Ausdruck brachten, weil sie viel lieber Ja gesagt hätten.

»Wenn ich Nein sage, dann heißt das auch Nein!«
»Man fragt nicht, sondern wartet, bis man gefragt wird!«

Auf diese Weise sollte uns Gehorsam beigebracht werden.

Seit Beginn der 90er-Jahre haben Eltern eine andere Strategie gewählt. Sie sagen sicherheitshalber immer Ja, und nur ihr Zögern, ihr resigniertes Schulterzucken und der widerwillige Klang ihrer Stimmen verraten, dass sie sich danach sehnen, auch einmal Nein sagen zu können.

Zwischen diesen beiden Methoden, mit dem eigenen Unbehagen umzugehen, liegt nicht nur eine Zeitspanne von fünfzig Jahren. Sie stammen auch aus völlig verschiedenen Gesellschaften. Die Generation meiner Eltern wuchs in einer Mangelgesellschaft auf, in der Eltern wussten, wie »man« Kinder erzieht und wozu »man« Ja und Nein zu sagen hat. Oft mussten sie Nein zu ihren Kindern sagen, weil sie deren Wünsche aus materiellen Gründen nicht erfüllen konnten. Eltern, die sich mehr leisten konnten, wurde mit unterschwelligem Neid vorgeworfen, ihre Kinder zu verhätscheln.

Heutzutage leben wir in einer Überflussgesellschaft, in der sich die meisten Menschen eine künstliche Identität zugelegt haben, die ihre eigentliche Identität überlagert. Sie sind zu Konsumenten geworden, und dasselbe gilt für ihre Kinder. Mit prallen Einkaufstüten und leuchtenden Augen kommen sie nach Hause und erzählen arglos von ihrem erfolgreichen Power-Shopping. (Für das Leuchten in den Augen sind auch die Endorphine verantwortlich – stimulierende Hormone, die bei rascher Bedürfnisbefriedigung ausgeschüttet werden.)

Ein Großteil der Regeln, Normen und Werte der Mangelgesellschaft ist verschwunden, und falls der allgemeine Wohlstand anhält, ist es an der neuen Generation zu ergründen, wie man am besten in einer Überflussgesellschaft zurechtkommt, ohne seelischen Schaden zu nehmen.

Für viele Eltern spielt es finanziell keine Rolle, ob ihre Kinder an einem warmen Frühlingstag ein, zwei oder fünf Eis essen wollen oder ob der Konfirmationsanzug etwas mehr oder weniger kostet – zur Not kaufen sie den teureren, damit ihr Kind in seiner Peergroup auch weiterhin einen guten Stand hat. Vielleicht tun sie es aber auch, um ihren eigenen Status zu betonen. Es ist keine neue Erkenntnis, dass Kinder u.a. die Funktion haben, den Wohlstand, die Vortrefflichkeit und Moral ihrer Eltern hervorzuheben beziehungsweise deren Mangel zu kaschieren.

Es kann also am Wohlstand der Eltern liegen, dass sie es nicht nötig haben, zu ihren Kindern Nein zu sagen, doch natürlich gibt es auch andere Ursachen. Manche Eltern sind konfliktscheu oder einfach zu bequem, andere wollen ihre Familie in ein Miniparadies für die Kinder verwandeln, wieder andere haben sich selbst nicht unter Kontrolle oder das Gebot der »Kinderfreundlichkeit« falsch verstanden.

Bevor wir einigen dieser Familien einen Besuch abstatten, möchte ich ein paar Worte darüber verlieren, warum es überhaupt wichtig ist, zu seinen Kindern auch Nein sagen zu können.

Bei allen Verhaltensweisen in der Familie geht es weniger darum, was wir tun, sondern vor allem darum, wie und warum wir etwas tun. Es besteht kein Anlass zu glauben, eine bestimmte Anzahl von Neins am Tag sei die richtige. Doch wir haben allen Grund anzunehmen, dass zu viele halbherzige, indirekte, korrupte oder defensive Jas die Beziehung zwischen Eltern und Kindern belasten.

Nein als liebevolle Antwort

Als ich während meiner Ausbildung zum Familientherapeuten erstmals den Satz hörte: »Nein ist die liebevollste aller möglichen Antworten«, verstand ich ihn nicht. Erst allmählich, nachdem ich zahlreiche Gespräche mit den unterschiedlichsten Familien geführt hatte, begriff ich den tieferen Sinn dieser Aussage. Wenn ich heute auf mein Privat-

und Berufsleben zurückblicke, wird mir bewusst, dass die meisten Schwierigkeiten und Konflikte in der Familie auch deshalb entstehen, weil ihre Mitglieder nicht in der Lage sind, Nein zu sagen, obwohl sie es möchten. Weil sie sich nicht abgrenzen und nicht deutlich genug ausdrücken – entweder, weil die Kultur der Familie dies nicht zulässt oder weil ein oder mehrere Familienmitglieder sich nicht dazu überwinden können.

Damit meine ich nicht, dass wir einander öfter »abweisen« sollten, doch häufig tragen wir zu wenig Sorge für unsere eigenen individuellen Grenzen und Bedürfnisse und schieben anderen dafür die Schuld in die Schuhe. Die Kunst, Nein zu sagen, bedeutet auch, Eigenverantwortung zu übernehmen – im Interesse aller.

Selbstverständlich haben wir für unser Verhalten stets gute Gründe. Wir wollen andere nicht vor den Kopf stoßen oder gar verletzen. Wir scheuen die momentane Auseinandersetzung (und produzieren damit umso mehr Konflikte in der Zukunft). Wir möchten von anderen gemocht werden (und sorgen dafür, dass weder sie noch wir selbst uns mögen). Je beliebter wir sein wollen, desto eher riskieren wir, von anderen missachtet und ausgenutzt zu werden. Je wohlwollender wir sein wollen, desto größer wird schließlich unser Widerwillen. Je großherziger und generöser wir uns geben, desto kleinlicher und missmutiger werden wir am Ende.

All diesen Verhaltensweisen liegt unser existenzielles Bedürfnis zugrunde, für diejenigen wertvoll zu sein, die uns am Herzen liegen. Und nirgends wird dieses Bedürfnis so spürbar wie im Verhältnis zu unseren Kindern, denen wir nicht nur alles geben wollen, sondern denen wir sogar ein besseres Leben wünschen, als wir es selbst hatten. In der Kombination aus diesem grundlegenden Bedürfnis und dem universellen Ehrgeiz für unsere Kinder liegt zweifellos die Ursache, dass es uns so schwerfällt, ein gesundes Gleichgewicht zwischen dem Ja und dem Nein zu finden. Das Nein ist somit die schwierigste und gerade deshalb auch die liebevollste Antwort – sie erfordert am meisten Umsicht, Engagement, Ehrlichkeit und Mut.

Mit Säuglingen umgehen

Sehr junge Kinder sind diesem Dilemma allem Anschein nach nicht ausgesetzt. Lange bevor sie sprechen können, sagen sie Nein zu ihren Eltern und anderen Menschen. Wenn sie eine Pause im Kontakt brauchen, drehen sie den Kopf weg. Sie schlafen an der Brust ihrer Mutter ein, wenn sie satt sind – auch wenn diese noch prall gefüllt sein sollte. Sie spucken das Essen aus, wenn sie davon genug haben, und protestieren lautstark, wenn wir sie fremden Menschen übergeben oder zum Schlafen bringen wollen, obwohl sie nicht müde sind.

In dieser Zeit des Familienlebens müssen die Erwachsenen ihre eigenen Grenzen überschreiten und ihre Bedürfnisse zugunsten der kindlichen Entwicklung in den Hintergrund stellen. Diese Diskrepanz zwischen der Selbstverständlichkeit, mit der Kinder Nein sagen, und der elterlichen Verpflichtung zum Ja schafft die ersten wirklichen Konflikte zwischen Eltern und Kindern und erfordert von den Erwachsenen nicht selten eine große Selbstbeherrschung.

Doch auch sehr kleine Kinder wollen kooperieren. Sie passen sich an, so gut es irgend geht. Auch sie wollen Ja zu ihren Eltern und der Kultur sagen, in die sie zufällig hineingeboren wurden. Ihre einzige Bedingung ist, dass sie sich bei ihren Eltern gut aufgehoben fühlen. Es ist dieses Bedürfnis nach Sicherheit, das manche Eltern befriedigen wollen, indem sie jede unmittelbare Lust ihrer Kinder erfüllen, während die Eltern vergangener Zeiten es befriedigen wollten, indem sie einen festen Rahmen und konsequente Grenzen setzten, die auch gegen den weinenden Protest ihrer Sprösslinge durchgesetzt wurden. Der berühmte amerikanische Kinderarzt Dr. Spock beispielsweise beruhigte empathische Mütter mit dem Hinweis, dass Weinen gut für die Entwicklung der Lungen sei.

Eltern kleiner Kinder bis zu einem Alter von zirka achtzehn Monaten müssen die Bedürfnisse ihrer Kinder also bejahen und sich eigene teils versagen, doch sollte man sich stets bewusst machen, dass dies nur für die akuten Bedürfnisse beider Seiten gilt. Wenn Kinder weinend aufwachen, müssen Eltern deren Bedürfnis nach Fürsorge und Trost über ihr eigenes Schlafbedürfnis stellen. Falls ein Kind krank wird, müssen die Eltern ihre eigenen Pläne eventuell ändern. Ist die Windel voll, muss ein Gespräch möglicherweise unterbrochen werden usw.

Das bedeutet allerdings keineswegs, dass Eltern ihre eigene Persönlichkeit »aufgeben« und ihre Werte, Gefühle und Ziele verleugnen sollen. Falls dies geschieht, können Eltern ihre Führungsrolle nicht wahrnehmen, was jedoch die Voraussetzung dafür ist, dass Kinder sich in der Familie sicher fühlen.

Wenn man nachts von einem drei Monate alten Säugling wachgehalten wird, wünscht man sich natürlich nichts sehnlicher, als dass er bald einschlafen möge – ein Wunsch, der kein schlechtes Gewissen auslösen sollte. Es ist wichtig, den Bedürfnissen des Kindes Rechnung zu tragen, ohne seine eigenen zu verleugnen. Denn wer seine eigenen Bedürfnisse verleugnet, der wird sich rasch überfordert fühlen und dem Kind die eigentliche Verantwortung zuschieben.

Die innere Stimme des Erwachsenen sollte stattdessen etwa Folgendes sagen: »Es ist mein Entschluss, hier mit dir zu sitzen, bis du einschläfst. Es bist nicht du, der darüber entscheidet.« Wenn das gelingt, dann spürt das Kind die Substanz des Erwachsenen und kooperiert. Falls Eltern dies im Laufe der ersten Monate nicht lernen, fallen sie ihren Kindern gewissermaßen zum Opfer, womit niemand gedient ist.

Führerschaft bedeutet nicht, andere Menschen herumzukommandieren und dem eigenen Willen zu unterwerfen. Sie besteht vielmehr in der Fähigkeit, die eigenen Werte und Ziele mit so viel Integrität zu vertreten, dass andere sich zur Zusammenarbeit animiert fühlen. (Integrität meint die Übereinstimmung meines Handelns mit meinen Werten.)

Ich habe oft mit Eltern gesprochen, die ihr Baby bei dem Gespräch dabeihatten, und Folgendes erlebt: Das Kind liegt in seiner Tragetasche und schläft. Irgendwann beginnt es leise Geräusche von sich zu geben, woraufhin beide Eltern ihm unmittelbar den Kopf zudrehen und unser Gespräch unterbrechen. Manche Eltern nehmen sofort ihr Kind aus der Tragetasche, was eine längere Pause nach sich zieht, in der die Windel kontrolliert, das Baby gewiegt und dazu gebracht wird, einen Schnuller im Mund zu behalten. Andere Eltern kehren sogleich zu unserem Gespräch zurück und zeigen damit, dass ihnen dies im Moment wichtig ist. In neun von zehn Fällen schläft das Kind daraufhin wieder ein.

Es ist diese Fähigkeit, für die eigenen Bedürfnisse Sorge zu tragen, ohne das Kind zu vergessen, die eine gute Führer-

schaft charakterisiert, den Kindern Sicherheit gibt und
eine gleichwürdige Beziehung gewährleistet. (Eine gleich-
würdige Beziehung zeichnet sich dadurch aus, dass beiden
Teilen die gleiche Würde zugestanden wird, nicht dadurch,
dass man so tut, als ob Eltern und Kinder gleichwertig wä-
ren, also gleiche Rechte und Pflichten hätten.)

Die Eltern im ersten Beispiel vergessen ihre eigenen Bedürfnisse, werden unruhig und unsicher,
was diese Situation von ihnen erfordert. Diese Be-
sorgnis überträgt sich auf das Kind, das entspre-
chend verunsichert wird und deshalb nur schwer
zu beruhigen ist. Das geschieht aufgrund der phä-
nomenalen Fähigkeit von Kindern, sich in die Gefühle und Stimmungen ihrer Eltern »einzufüh-
len«, sie instinktiv wahrzunehmen. Diese Fähigkeit
ist rund um die Uhr und auch über große Entfer-
nungen intakt. Sie ermöglicht es den Kindern, mit
ihren Eltern zusammenzuarbeiten, doch wenn Eltern sehr unsicher, ängstlich oder frustriert sind,
wissen die Kinder nicht, wie diese Zusammenarbeit aussehen soll. Die Eltern senden einfach zu
viele widersprüchliche Signale aus. Dieses Phänomen ist eine ganz allgemeine Ursache dafür, dass
es vielen Eltern so schwerfällt, ihre anderthalb-

bis dreijährigen Kinder zum Schlafen zu bringen, sie fremden Personen zu übergeben oder Zeit für ihre eigenen Interessen zu finden.

Mit Kleinkindern von eins bis fünf umgehen

Nach den ersten achtzehn Monaten können die meisten Kinder ohne fremde Hilfe laufen und haben sich bereits große Sprachkenntnisse erworben. Sie verstehen vieles von dem, was ihre Eltern sagen, und beginnen allmählich, sich aktiv am Gespräch zu beteiligen. Die Eltern haben in dieser Zeit ein Gespür für die individuelle Persönlichkeit ihres Kindes entwickelt und gleichzeitig einiges über sich selbst als Menschen und Eltern gelernt. Von nun an haben Eltern die Möglichkeit, als Individuen in Erscheinung zu treten und ihrem Kind damit zu vermitteln, dass seine Eltern mehr sind als Versorger und dienstbare Geister. Nutzen sie diese Gelegenheit nicht, werden die Kinder auch weiterhin die allumfassende Fürsorge erwarten, die bis jetzt hoffentlich nicht die einzige Form der Liebe war, die sie erfahren konnten. Das Ergebnis ist Frustration auf beiden Seiten. Doch Service ist nicht dasselbe wie Liebe, daher beginnt das Kind zu »frieren« und verlangt doch immer mehr vom Falschen. Die Eltern sind frustriert, weil sie in der Rolle der Dienstleistenden förmlich ersticken und damit weder sich selbst noch ihrem Partner gerecht werden. Falls dies geschieht, werden die Kinder zwangsläufig ein Leben führen, das dem mancher Oberklassensprösslinge gleicht. Diese sind nur dann mit ihren Eltern zusammen, wenn es diesen gerade passt, und ansonsten auf Kindermädchen und anderes Personal angewiesen. Sie lernen ausschließlich mit Menschen umzugehen, die ihnen zu Diensten sind und die eigenen Wünsche und Bedürfnisse hintanstellen. Daher werden solche Kinder oft einsam und unglücklich und neigen dazu, andere Menschen auszunutzen.

In den nordischen Ländern breitet sich ein ähnliches Phänomen aus, da die Kinder schon vom ersten Lebensjahr an immer mehr Stunden am Tag in pädagogischen Institutionen verbringen.

Pädagogen und Pädagoginnen sind im Allgemeinen sehr tüchtige und kompetente Leute, doch sind sie aus beruflichen Gründen mit den Kindern zusammen und befinden sich also per se in der Rolle derjenigen, die einen gewissen Service leisten. Das beraubt die Kinder der Möglichkeit, den Umgang mit »echten« Menschen aus Fleisch und Blut zu erlernen – denn in den Institutionen werden die persönlichen Grenzen und Bedürfnisse des Betreuungspersonals weitgehend durch Vereinbarungen und Regeln ersetzt. Wenn viele Eltern die Betreuer aufgrund ihrer fachlichen Kompetenz als Rollenvorbilder betrachten, wird der Unterschied zwischen Institution und Familie, zwischen Eltern und Fachpersonal, zwischen Pädagogik und Erziehung verwischt. Das führt häufig dazu, dass Kinder keine wirklich gleichwürdigen Beziehungen erleben, wodurch ihr Bedürfnis nach einer anderen Art von Gemeinsamkeit mit den Eltern wächst. Wenn Eltern versuchen, Pädagogen zu kopieren, um ihren Kindern »quality time« zukommen zu lassen, wird das Bedürfnis der Kinder enttäuscht, wertvollen Anteil an nahen persönlichen Beziehungen zu haben, wodurch ihr Bedürfnis nach Unterhaltung und äußerer Stimulation wächst.

Das einzige Mittel gegen diese Tendenz ist der Wille der Eltern, so authentisch wie möglich zu sein. Das verschafft ihnen mehr Raum, um erwach-

sen zu sein, und ermöglicht es den Kindern, ein Gespür für die Grenzen und Bedürfnisse anderer Menschen zu entwickeln – als integraler Bestandteil
ihrer sozialen Kompetenz.

Kleinkinder übertreten ständig die Grenzen ihrer Eltern, was weder an mangelndem Respekt
noch fehlendem Fingerspitzengefühl liegt. Sie werden von ihren eigenen Wünschen und Bedürfnissen in Anspruch genommen und widmen gleichzeitig den Signalen und Antworten, die sie erhalten,
eine immense Aufmerksamkeit. Ihr Verhalten dient
einem doppelten Zweck: die eigenen Bedürfnisse
zu befriedigen und die Eltern kennenzulernen. Sie
wollen lernen, was den Eltern gefällt und was nicht.
Was sie gutheißen und was sie ablehnen. Worauf
sie sich einlassen und was ihnen widerstrebt. Im
Laufe der nächsten drei, vier Jahre prägen sie sich
langsam und gründlich die Antworten auf diese
Fragen ein, bis sie die Auffassung der Eltern, was
richtig und falsch, gut und richtig ist, verinnerlicht
und damit die Moralvorstellungen ihrer Eltern
übernommen haben.

*Dieser Lernprozess erfordert vor allem Deutlichkeit und
ständige Wiederholungen. Die Antworten und Reaktionen*

der Eltern müssen so deutlich wie möglich sein. Außerdem müssen Mütter und Väter die Geduld aufbringen zu warten, bis das Gelernte im Bewusstsein der Kinder verankert ist. Das kann wenige Tage oder auch mehrere Jahre lang dauern. Je mehr wir mit unseren Kindern schimpfen oder sie kritisieren, desto länger dauert es.

Bei Erwachsenen ist es nicht anders: Je angespannter und negativer ein Lernumfeld ist, desto dümmer und ungeschickter fühlen wir uns und desto länger dauert es, etwas Neues zu lernen – falls es überhaupt gelingt.

Kinder sind in dieser Hinsicht mehr Forscher als Schüler. Sie müssen experimentieren und daraus ihre eigenen Schlüsse ziehen. Dazu benötigen sie eigentlich nur das Vertrauen und die liebevolle Begleitung der Eltern. Die Alternative ist physische und psychische Gewalt, die verhindert, dass Kinder ihre Eltern sowie deren Grenzen und Bedürfnisse respektieren. Sie lernen nur, an sich selbst zu zweifeln und die Autorität und Sanktionen der Eltern zu fürchten.

Wenn ein zweijähriges Kind Ihnen zum dritten Mal die Brille von der Nase zerrt, können Sie freundlich, aber dennoch klar und entschieden sagen:

»Nein, das will ich nicht!«

Oder:

»Ich verstehe ja, dass die Brille dich interessiert, aber ich will das nicht!« Dann nehmen Sie die Brille wieder zurück.

Wenn die vierjährige Tochter Ihr Gespräch bei Tisch unterbricht, könnten Sie sagen:

»Ich will zuerst weiter mit Mama sprechen, danach können wir miteinander reden.«

Das sind klare, persönliche Aussagen, die Kinder sehr viel eher zur Zusammenarbeit anregen als die unpersönlichen pädagogischen Phrasen vergangener Tage:

»Mit Brillen spielt man nicht. Die kosten viel Geld.«

Oder:

»Man unterbricht andere Leute nicht.«

Oder:

»Mama will nicht, dass du ihre Brille nimmst.«

Oder:

»Papa will erst mit Mama reden.«

Wer von sich selbst in der dritten Person spricht, hat nur wenig Überzeugungskraft. Stellen Sie sich vor, Erwachsene würden so miteinander reden: »Du musst ein bisschen warten, Thomas hat jetzt keine Zeit für dich.« Damit wäre jede Kommunikation zum Scheitern verurteilt.

Wenn sich Kinder in der Phase befinden, die wir fälschlicherweise als »Trotzalter« bezeichnen, fühlen sich viele Eltern in die Defensive gedrängt, weil sie weitaus öfter Nein sagen müssen, als ihnen lieb ist. Das liegt an einer Kombination zweier Dinge: der wachsenden Selbstständigkeit der Kinder und der notwendigen Rückmeldung auf ihr Tun.

Ab etwa dem zweiten Lebensjahr werden Kinder selbstständiger und damit weniger abhängig von uns, worüber sich Eltern freuen sollten, weil damit auch sie allmählich wieder mehr Zeit für sich haben. Die Kinder können sich frei bewegen, kommunizieren immer besser und lassen ihrem Entdeckerdrang freien Lauf. Alles muss untersucht, getestet und erklärt werden. Außerdem bestehen sie darauf, viele Dinge selbst zu tun, zu denen sie noch nicht vollkommen in der Lage sind. In dieser Phase haben Kinder zwei wichtige Bedürfnisse:

Sie brauchen ein Feedback auf ihre unablässige Erkundung und Erprobung der Wirklichkeit, was die individuellen

Grenzen und Werte ihrer Eltern mit einschließt. Daher ist es auch notwendig, immer und immer wieder Nein zu denselben Dingen zu sagen. Je persönlicher und selbstsicherer sich die Eltern ausdrücken, desto schneller werden die kleinen Forscher ihre Schlussfolgerungen ziehen.

»Nein, ich will dir heute keine Süßigkeiten kaufen.«

»Ich will nicht, dass du jetzt die Töpfe aus dem Schrank holst.«

»Nein, du darfst heute nicht lange aufbleiben. Ich hatte einen anstrengenden Tag und will jetzt meine Ruhe haben.«

»Ich will gern alles hören, was heute im Kindergarten passiert ist, aber das musst du mir später erzählen. Ich möchte zuerst Papa begrüßen und ein bisschen mit ihm reden.«

Je kritischer, vorwurfsvoller, ermahnender oder defensiver das Feedback der Erwachsenen ist, desto härter müssen die kleinen Forscher arbeiten, um Antworten zu bekommen, mit denen sie leben können.

»Hör mal zu, kleiner Schatz! Wir haben doch darüber gesprochen, dass du nicht jeden Tag Süßig-

keiten haben kannst. Ich kann dich einfach nicht
mehr zum Einkaufen mitnehmen, wenn du dich so
aufführst.«

»Und wer soll nachher die Töpfe wieder wegräu-
men?«

»Wenn du nicht rechtzeitig ins Bett gehst, bist du
morgen nicht ausgeruht genug für den Kindergar-
ten. Darüber haben wir doch schon so oft gespro-
chen.«

»Schau mal, mein Kleiner! Natürlich will sich Ma-
ma gerne anhören, was du im Kindergarten erlebt
hast, aber meinst du nicht, dass du ein bisschen
warten könntest, bis Mama mehr Zeit für dich
hat?«

Die andere Seite ihrer Entwicklung – den Willen
zu mehr Selbstständigkeit und Autonomie – muss
man vorbehaltlos bejahen und unterstützen. Wenn
Kinder Dinge selbst machen wollen, zu denen sie
eigentlich noch nicht in der Lage sind, könnte man
beispielsweise sagen: »Schön! Da bin ich aber ge-
spannt, ob du das schon hinkriegst. Sag Bescheid,
wenn du Hilfe brauchst.« Im gegenwärtigen Moment kann es eine Zeitersparnis sein, Kindern die
Arbeit abzunehmen, doch auf lange Sicht ist es

verschenkte Zeit und erfordert von den Eltern ein weitaus höheres Maß an Energie und Aufmerksamkeit.

Das Beste, was Eltern für sich und ihr zweijähriges Kind tun können, ist, seine Entwicklung als Geschenk zu betrachten, das ihnen im Laufe der nächsten anderthalb Jahre mehr Zeit und eine größere Freiheit bescheren wird. Führt man sich dies vor Augen, dann fallen auch die vielen Neins nicht so schwer, die unumgänglich sind.

Diese Phase der kindlichen Entwicklung gleicht in gewisser Weise der Pubertät. Sie ist die erste Möglichkeit für das Kind, sich einen eigenen Raum zu erobern und eine aktivere, wechselseitige Beziehung zu seinen Eltern aufzubauen – eine Beziehung, die auf einer ganz anderen Grundlage steht als in den ersten beiden Jahren. Einem Säugling seine ganze Fürsorge zukommen zu lassen, löst ein tiefes Gefühl der Zufriedenheit aus, weil es Eltern auf sehr konkrete Weise vermittelt, wie wichtig und wertvoll sie sind. Von nun an kommt es aber ebenso sehr darauf an, dem Kind zu vermitteln, wie wertvoll es für die Gemeinschaft ist. Das heißt jedoch auch, dass die Eltern neue Wege finden müssen, sich ihres eigenen Werts zu versichern.

Wir können uns der Tatsache nicht verschließen, dass wir Kinder bekommen, weil wir damit unsere eigenen Interessen verfolgen. Wir sind es, die etwas geben, die jemand lieben und umsorgen wollen, und in Gedanken tun wir dies bereits, bevor unsere Kinder das Licht der Welt erblicken. Dagegen ist nichts einzuwenden. Das heißt aber auch, dass wir in Bezug auf die Persönlichkeit und Bedürfnisse unserer realen Kinder eine liebevolle Balance zwischen Selbstbezogenheit und Offenheit finden müssen. Längst nicht alles, was Eltern dazu veranlasst, sich nützlich (liebevoll, fürsorglich) zu fühlen, vermittelt auch den Kindern das Gefühl, wertvoll für ihre Eltern zu sein. Diese Empfindung stellt sich erst ein, wenn das, was ein Kind zu geben hat, von den Eltern spürbar angenommen und gewürdigt wird – genau das ist es nämlich, was das Selbstwertgefühl unserer Kinder stärkt. Die Welt ist voller Eltern, die so selbstbezogen sind, dass sie ihre Kinder für undankbar halten.

Zu einer persönlichen, authentischen Sprache finden

Neben dem gesprochenen Wort sind Tonfall und Körpersprache von entscheidender Bedeutung. Alle drei Elemente müssen miteinander harmonieren, wenn die Kommunikation glücken soll. Der Sprechende muss das Gefühl haben, sich angemessen ausgedrückt und beim Adressaten Eindruck gemacht zu haben. Die Worte und ihre »Musik« gehören zusammen.

Wenn wir mit einem Säugling sprechen, geben wir uns größte Mühe, es mit einem freundlichen Gesicht und in einem hellen, liebevollen Tonfall zu tun. Was wir sagen, ist zweitrangig. Ab zirka dem sechsten Lebensmonat wird es immer wichtiger, dass Sprache und Musik nuancierter werden. Von nun an geht es nicht mehr allein darum, dass der Säugling sich willkommen, geliebt und geborgen fühlt. Jetzt ist es an der Zeit, dass er die Gefühle, Stimmungen und Gedanken seiner Eltern kennenlernt und sich Schritt für Schritt ihre Sprache aneignet. Ein ganzes Register an Stimmungen und Emotionen hat er bereits erlebt, konnte aber noch kein Gespür für deren Ursachen und Zusammenhänge entwickeln.

In den letzten vierzig Jahren haben sich Eltern und Pädagogen bemüht, ihre Sprache so zu vereinfachen, dass sie von Kindern auch verstanden werden kann. Man bemüht sich gemeinhin um kurze Sätze und einen einfachen Wortschatz. Diese Berücksichtigung der kindlichen Sprachkompetenz ist an sich eine gute Idee, wenn es darum geht, einem Kind bestimmte motorische oder intellektuelle Fertigkeiten zu vermitteln. Sie verfehlt jedoch ihren Zweck, wenn man eine nahe Beziehung aufbauen will, die auf Geborgenheit und Respekt beruht und die Basis dessen ist, was wir Erziehung nennen. Manche Eltern wählen eine Sprache, die unnatürlicher nicht sein könnte:

»Du weißt doch, dass Papa nicht will, dass du an seinem Computer herumspielst. Wenn du später mal einen eigenen bekommst, dann kann Papa dir beibringen, wie man damit umgeht.«
(Dies ist das appellierende »pädagogische« Modell, bei dem Wert darauf gelegt wird, sich stets »positiv« auszudrücken.)
»Ich weiß nicht, wie oft ich das noch sagen muss. Du weißt sehr genau, dass du an Papas Computer nichts zu suchen hast!«

(Das ist der strenge Vater, der zeigen will, dass er es »ernst« meint.)

Die Eltern in diesen Beispielen sprechen mit ihren Kindern so, wie sie sich vorstellen, dass Eltern mit ihren Kindern sprechen sollten. Als authentische Menschen sind sie jedoch nicht spürbar, was eine Reihe von Konflikten und Frustration auf beiden Seiten nach sich zieht. Das geschieht, weil die Eltern in der Familie einen einstudierten, künstlichen Ton anschlagen, wie bei einem Rollenspiel. Die Erwachsenen spielen Eltern, und die Kinder imitieren kindliches Verhalten. Die Mitglieder der Familie sind nicht authentisch, sondern eifern einer abstrakten Idee von Familie nach.

Wenn wir also eine sogenannte kinderfreundliche Sprache benutzen, schwächen wir unsere eigenen Botschaften, weil sie keinen richtigen Eindruck mehr bei den Kindern hinterlassen. Die Sprache hängt nicht mehr mit den Gefühlen zusammen, doch ist es eben die Kombination aus authentischer Musik und den richtigen (den subjektiv als richtig empfundenen) Worten, die anderen Menschen zu verstehen gibt, wer wir sind.

Ich begegne fast jeden Tag Eltern, die unglücklich oder frustriert darüber sind, dass ihre Kinder nicht »zuhören«, nicht »kooperieren« oder nicht »verstehen«, was die Eltern ihnen vermitteln wollen.

»Wenn Sie wüssten, wie oft wir ihnen das schon gesagt haben«, bekomme ich in solchen Gesprächen zu hören. Die Kinder werden als unwillig, renitent und gleichgültig beschrieben. Von wenigen Ausnahmen abgesehen, ändert sich das Verhalten der Kinder, sobald die Eltern in der Lage sind, die richtigen Worte zu finden und ihren Gefühlen überzeugenden Ausdruck zu geben. Das gilt im Prinzip für alle kleinen und großen Konflikte im Alltag der Familie, doch vor allem, wenn es zu hoch emotionalen, dramatischen Begebenheiten wie Scheidungen, Krankheiten oder Todesfällen kommt.

Es besteht ein himmelweiter Unterschied zwischen folgenden Aussagen:

»Mama wird böse, wenn du nicht aufräumst.«
(Wahlweise in vorwurfsvollem, appellierendem oder »pädagogischem« Ton vorgetragen.)
Oder:
»Ich will jetzt, dass du aufräumst!«
(Mit spürbarer Verärgerung in der Stimme.)

»Warum muss dein Zimmer immer wie ein Schwei-
nestall aussehen?«

Oder:

»Ich möchte, dass du dein Zimmer aufräumst. Tust
du das?«

»Könnt ihr nicht ein einziges Mal damit aufhören,
so einen Krach zu machen?«

Oder:

»Ich bin müde und möchte mich etwas ausruhen.
Könntet ihr eine halbe Stunde etwas leiser sein?«

Es geht nicht um eine möglichst wohlgesetzte Rede,
sondern darum, sich persönlich auszudrücken. Wir
müssen uns höflich und ausgewogen artikulieren,
wenn wir uns unter Menschen befinden, die nicht
unserem vertrauten persönlichen Umfeld angehö-
ren, zum Beispiel bei der Arbeit. Dann benutzen wir
eine »soziale Sprache«, die gut dazu geeignet ist,
eine gewisse Distanz zu wahren und den Gesprächspartner emotional nicht zu beeinflussen. Sie ist jedoch überhaupt nicht dazu geeignet, einen inten-
siven persönlichen Kontakt zwischen Menschen
herzustellen. Das spüren wir deutlich, wenn wir einen Konflikt mit unseren Kindern oder unserem

Partner austragen. Dann ist es mit einer unpersön-lichen »schönen« Rede nicht getan, also beginnen viele damit, sich »hässlich« auszudrücken und *über* den anderen zu sprechen, statt die eigenen Gefühle und Gedanken zu artikulieren.

Dieser Unterschied ist sehr wichtig. Wenn wir über uns selbst reden, können wir den anderen nicht kränken oder verletzen – was wir jedoch fast immer tun, wenn wir uns über den anderen auslassen. Das geschieht, weil wir so sehr damit beschäftigt sind, den anderen zu definieren, statt uns füreinander zu interessieren. Doch niemand, weder Kinder noch Erwachsene, lässt sich gern von anderen definieren. Natürlich mag es schmeichelhaft sein, wenn wir ge-lobt und in ein positives Licht gerückt werden, doch ist auch das nur die zweitbeste Variante.

Wenn wir über uns selbst reden, machen wir oft Eindruck auf den anderen, der vielleicht erschro-cken, traurig, nachdenklich oder frustriert rea-giert, doch überschreiten wir niemals seine per-sönlichen Grenzen oder verletzen seine individuelle Würde. Unser Gesprächspartner darf gern emotio-nal berührt werden – das ist ja sozusagen der Zweck unserer Worte –, doch darf er niemals ge-kränkt werden.

Innerhalb der Familie machen wir die Erfahrung, dass die soziale Sprache nicht trägt; also beginnen wir zu streiten und »hässlich« zu sprechen. Zwischen Erwachsenen und Kindern besteht oft das Problem, dass die Erwachsenen nicht in der Lage sind – oder nicht daran denken –, ihre Grenzen, Bedürfnisse und Wünsche in einer klaren, persönlichen Sprache zum Ausdruck zu bringen. Also sollte man etwa Folgendes sagen:

»Ich möchte, dass du die Sachen wieder wegräumst, nachdem du dir ein Brot geschmiert hast.«
Und nicht:
»Glaubst du etwa, ich habe nichts anderes zu tun, als ständig hinter dir herzuräumen?«
Auch nicht:
»Es ist ja wohl nicht zu viel verlangt, dass du ein bisschen mithilfst, hier Ordnung zu halten. Ich hab keine Lust, dich ständig zu bedienen!«

Auch Folgendes wäre möglich:

»Hör mal, ich möchte, dass wir eine Verabredung treffen, was deine Turnsachen angeht. Von jetzt an bist du selbst dafür verantwortlich, sie aus der

Tasche zu nehmen und in den Wäschekorb zu legen.«

Aber nicht:

»Jetzt muss ich mich schon wieder um dein Turnzeug kümmern, obwohl ich dir schon hundert Mal gesagt habe, dass das nicht meine Sache ist. Was soll denn die Lehrerin von deinen Eltern denken, wenn du ständig deine Sachen vergisst.«

Auch nicht:

»Deine Turnsachen liegen auf dem Tisch, junger Mann! Was würdest du eigentlich tun, wenn ich nicht ständig für dich mitdenken würde?«

Und auch nicht:

»Könntest du nicht ein klein bisschen für dich selbst sorgen? Wir verlangen ja wirklich nicht viel von dir, aber du könntest zumindest selbst darauf achten, dass du deine Turnsachen nicht vergisst.«

Wenn Eltern dermaßen den Pädagogen herauskehren, behandeln sie ihre Kinder meist äußerst herablassend und kränkend. »Wir haben es erst mal im Guten probiert«, sagen sie und enthüllen somit, dass ihr erster Versuch, Eindruck zu machen, reines Schauspiel war. Doch sind sie sich dessen nicht bewusst, weil sie so sehr damit beschäftigt sind, alles

»richtig« zu machen. Die Kinder hingegen sind traurig und verletzt und zahlen es ihren Eltern irgendwann mit gleicher Münze heim.

Wenn wir uns nicht persönlich ausdrücken, sprechen wir sozusagen mit »zwei Zungen«. Unsere Worte sagen das eine, die Musik etwas anderes. Kleinere Kinder werden verwirrt und wissen nicht, welche Botschaft sie ernst nehmen sollen, doch halten sie sich vor allem an das, was nicht ausgesprochen wird.

»Du weißt doch, dass Mama sehr enttäuscht ist, wenn du dich nicht an die Vereinbarungen hältst, die wir getroffen haben. Ich frage dich wirklich so nett wie möglich, aber irgendwann weiß ich gar nicht mehr, worauf ich mich bei dir noch verlassen kann.« (Sagte eine Mutter, die wütend darüber war, dass ihr Sohn nicht, wie versprochen, seine Spielsachen aus dem Wohnzimmer weggeräumt hatte.)

Ältere Kinder und Teenager hören oft vollkommen damit auf, auf uns zu hören. Sie tun das im Großen und Ganzen, weil das, was gesagt wird, der Mühe des Zuhörens nicht wert ist. Die Erwachsenen verschlüsseln ihre persönlichen Botschaften, und die Jugendlichen haben keine Lust, sie zu entschlüsseln. Also reagieren sie entweder nur auf den Inhalt des Gesagten und ignorieren die Musik oder umgekehrt. Wenn man sie bittet, ihr Schweigen und das, was die Eltern als abweisendes Verhalten empfinden, zu erklären, sagen sie in der Regel: »Kannst du nicht einfach sagen, was du willst?« Oder: »Warum sagst du nicht geradeheraus deine Meinung? Ich habe keine Lust, immer erraten zu müssen, was du eigentlich meinst.«

In unserer Kultur werden wir im Allgemeinen nicht für die »Musik« verantwortlich gemacht, wenn wir miteinander kommunizieren. Es sind allein die Worte, die zählen. Doch in der Familie müssen wir die Verantwortung für die gesamte Botschaft übernehmen, auch wenn sie widersprüchlich und unklar sein sollte. In nahen Beziehungen geht es vor allem um den persönlichen Ausdruck, und je mehr dieser von vorwurfsvollen, appellierenden oder ausweichenden Formulierungen verdeckt wird, desto weniger bekommen wir das, was wir eigentlich brauchen: Nähe, Anerkennung und Empathie.

Manche Eltern trauen sich kaum »Ich will …« oder »Nein!« zu sagen. Sie betrachten es als unhöflich und anmaßend, sich so unmissverständlich zu äußern, und bevorzugen sanftere und entgegenkommendere Formulierungen. Dagegen ist nichts einzuwenden, sofern die Eltern ihre Führungsrolle und ihre persönlichen Grenzen über einen längeren Zeitraum hinweg bereits so deutlich gemacht haben, dass die Kinder daran nicht zweifeln. Erst dann sollte man dazu übergehen, sich nuancierter und etwas indirekter auszudrücken:

»Ich glaube nicht, dass du das tun solltest.«
»Ich halte das für eine schlechte Idee.«
»Nun reicht es wohl allmählich.«

Viele Eltern, die frustriert darüber sind, dass es ihnen im Verhältnis zu ihren Kindern an Überzeugungskraft und Autorität fehlt, erleben dieselbe Frustration im Verhältnis zu anderen Erwachsenen. Ob es sich nun um den Partner, Eltern, Schwiegereltern, Vorgesetzte oder Kollegen handelt, so empfinden sie einen Mangel an Respekt und Verständnis, fühlen sich ausgenutzt, gekränkt und ignoriert. So ist es nun mal, Kinder zu haben. Sie berühren unbewusst unsere wunden Punkte und helfen uns damit, richtig erwachsen zu werden.

Manche Eltern verspielen auch einen Teil ihrer persönlichen Autorität, weil sie der Meinung sind, ihre Kinder sollten in einem demokratischen Paradies aufwachsen, in dem es keinerlei Misstöne und Konflikte gibt. Eine in vieler Hinsicht sympathische Idee, die aber zumeist in Disharmonie endet, weil das Leben in der Familie keine politische Veranstaltung ist. Es geht nicht darum, wer gewinnt, sondern darum, dass alle möglichst viel von dem bekommen, was sie benötigen, und möglichst wenig von dem, was schädlich für sie ist. Die paradiesische Familie erfordert, dass alle der Harmonie einen größeren Stellenwert beimessen als ihren eigenen Bedürfnissen und Grenzen.

Je besser es Ihnen gelingt, Ihre Worte mit Ihrer Persönlichkeit in Einklang zu bringen, desto mehr werden Ihr Selbstvertrauen sowie der Respekt und das Verständnis Ihrer Umgebung wachsen, desto kooperativer werden Ihre Kinder sein, desto weniger Einsamkeit, Konflikte, Stress und Frustration werden Sie erleben.

Sicher werden Sie auch erleben, dass die Menschen, die bisher einen Nutzen aus Ihrer Schwäche zogen, verwirrt und verärgert reagieren. Ein Mensch, der sich nicht abgrenzen kann, ist wie ein Obstgarten ohne schützenden Zaun, aus dem sich jeder nach Lust und Laune bedienen kann.

Die allzu sehr auf Harmonie bedachte, manchmal auch zuckersüße Wortwahl gegenüber Kindern hat eine einleuchtende Ursache, ist sie doch die logische Reaktion auf die traditionelle Sprache der Erziehung, die oft kränkend, demütigend oder gar gewalttätig war. Die Sprache der Liebe hingegen ist weder positiv noch negativ, sondern persönlich.

Der Unterschied zwischen einem Wunsch und einem Bedürfnis

Es ist die Hauptaufgabe von Eltern, das fundamentale Bedürfnis ihrer Kinder nach Nähe, Sicherheit, Fürsorge, Nahrung, Kleidung und Schlaf zu befriedigen. Darüber hinaus haben sie die Möglichkeit, ihnen auch ihre momentanen Wünsche zu erfüllen.

Kinder kennen zunächst noch keinen Unterschied zwischen dem, was sie wirklich brauchen, und dem, worauf sie gerade Lust haben. Umso mehr müssen sich die Eltern dieses Unterschieds bewusst sein. Noch immer werden wir von der Armut und autoritären Kindererziehung früherer Generationen geprägt, und auch die universelle Sehnsucht des Kindes, genau das zu tun und zu bekommen, worauf es gerade Lust hat, ist tief in unserem Bewusstsein verankert. So erklärt sich zumindest teilweise die zunehmende Neigung vieler Eltern, ihr Verhalten von der momentanen Lust und Unlust ihrer Kinder abhängig zu machen.

Kinder können nicht verwöhnt werden, indem sie »zu viel« von dem bekommen, was sie wirklich brauchen. Verwöhnte Kinder sind Kinder, die ein Nein nicht akzeptieren können; die damit rechnen, dass ihre unmittelbaren Wünsche jederzeit sofort erfüllt werden; die fordernd und anstrengend sind. Doch so entwickeln sich nur Kinder, die zu viel vom Verkehrten bekommen – und vor allem aus falschen Gründen.

In der Überflussgesellschaft stellt dies hohe Anforderungen an die Integrität und Moral der Erwachsenen. Kinder fragen ja arglos, ob sie das bekommen können, worauf sie gerade Lust haben. Also ist es Sache der Eltern, mit Bedacht abzuwägen. Die entscheidende Frage ist die: Kann ich meinem Kind den Wunsch guten Gewissens und reinen Herzens erfüllen, ohne mir eine irgendeine Gegenleistung zu erwarten?

Lautet die Antwort Ja, kommen die moralischen, politischen und religiösen Aspekte ins Spiel, die mit den eigenen Grundüberzeugungen ebenfalls in Einklang stehen müssen. Betrachten wir folgendes Beispiel:

Viele Kinder haben eine Unmenge an Spielzeug. Es ist jedoch eine Tatsache, dass Kinder Spielzeug nicht wirklich brauchen. Sie brauchen nur etwas, womit sie spielen können. Spielzeug ist also etwas, das sie gern haben möchten, weil sie sich vorstellen, wie schön es wäre, es zu besitzen oder zu benutzen, nachdem sie es bei einem Freund oder in einem Geschäft gesehen haben. Das bedeutet natürlich nicht, dass Spielzeug von vornherein überflüssig oder nutzlos ist – doch müssen die Eltern in dieser Hinsicht ein paar wichtige Entscheidungen treffen.

Moderne Eltern, die selbst in der Überflussgesellschaft aufgewachsen sind und ihre Konsummentalität mit ungebrochener Freude ausleben, stellt dies vermutlich vor keinerlei Problem. Sie erfüllen den Kindern ihre Wünsche gern und ohne Hintergedanken. In diesem Fall besteht kein Grund zur Befürchtung, die Kinder selbst oder ihre Beziehung zu den Eltern würden deshalb irgendeinen Schaden nehmen.

Dennoch werden die Eltern womöglich politische, moralische und ethische Überlegungen anstrengen, wie es beispielsweise um das Verhältnis von europäischen Wohlstandskindern zu denen in der dritten Welt bestellt ist. Vielleicht sind die Eltern der Ansicht, dass größere Kinder einen gewissen ökonomischen Beitrag zu ihrem Lebensunterhalt leisten sollten, um den Wert des Geldes schätzen zu lernen, oder sie haben unterschiedliche Ansichten, welche Qualität das Spielzeug für ihre Kinder haben sollte. Diese Erwägungen können beispielsweise dazu führen, dass Eltern die Menge des Spielzeugs einschränken, was wiederum weder die Kinder selbst noch das Verhältnis der Eltern untereinander belastet.

Ähnliches gilt für die unmittelbaren Wünsche von Kindern und Jugendlichen im Allgemeinen. Sie brauchen etwas zu essen und haben vielleicht Lust auf Pommes und Burger, doch tragen die Eltern die Verantwortung für ihre Ernährung. Man kann eine lange und glückliche Kindheit haben, ohne jemals bei McDonald's oder in einem anderen Fast-Food-Restaurant zu essen, und zumindest in den ersten zehn Lebensjahren des Kindes haben Eltern die Möglichkeit, diese Verantwortung in Übereinstimmung mit ihren eigenen Werten wahrzunehmen.

»Mama, können wir heute zu McDonald's gehen?«
»Nein, das will ich nicht.«
»Aber warum denn nicht?«
»Weil ich mein Geld nicht für so ein schlechtes Essen ausgeben will.«
»Aber Laura und Michi gehen mit ihren Eltern auch immer zu McDonald's.«
»Dann sind ihre Eltern da wohl anderer Meinung als ich.«
»Kannst du deine Meinung nicht einfach ändern?«
»Kann ich schon, will ich aber nicht.«
»Du bist echt eine komische Mutter.«
»Ja, das kommt dir vielleicht so vor, aber damit musst du dich eben abfinden.«
»Ich finde das aber blöd, wenn andere Kinder dürfen und ich nicht.«
»Ich verstehe ja, dass du Lust hast, dahin zu gehen, aber damit musst du warten, bis du selbst darüber

*entscheiden kannst. Ich will jedenfalls nicht mit dir
dahin gehen.«*

»Dann bin ich aber ganz schön sauer auf dich!«

*»Das ist schon in Ordnung. Ich hoffe, das geht wie-
der vorbei.«*

Der Konflikt ist beendet, ohne dass irgendjemand
seine Würde oder Integrität verloren hätte.

Ein anderes Beispiel. Kinder brauchen etwas
zum Anziehen und sind oft an der Ware interessiert, die von der Textilindustrie erfolgreich ver-
marktet wird:

*»Mama, wenn wir sowieso schon Jeans kaufen ge-
hen, kann ich dann nicht eine X-Jeans bekommen?
X-Jeans sind gerade im Angebot, und fast alle anderen haben schon eine.«*

»Was kostet die denn?«

*»Eigentlich kostet sie 140 Euro, aber im Moment
gibt es sie für 120. Das ist echt total billig, Mama,
und es dauert bestimmt eine Ewigkeit, bis man sie
wieder so günstig kriegt.«*

*»Also, ehrlich gesagt ist mir 120 immer noch viel zu
teuer, Sarah. Wir haben einfach nicht genug Geld,
um uns so teure Klamotten leisten zu können.«*

»Ach, das sagst du immer. Wieso können sich denn alle anderen das leisten? Sind wir wirklich so arm?«

»Nein, wir sind nicht arm, wir haben nur nicht so viel Geld, dass wir uns einfach die Kleidung kaufen können, auf die wir am meisten Lust haben ... auch wenn das natürlich schön wäre!«

»Und wenn die anderen mich aufziehen, weil ich die Einzige bin, die keine X-Jeans hat?«

»Ich kann ja verstehen, dass du die Jeans haben willst, die gerade angesagt sind, und natürlich hoffe ich sehr, dass die anderen dich nicht aufziehen, wenn du eine andere trägst. Wir können gern zusammen in die Stadt gehen, um nach einer Jeans zu suchen, die günstig und trotzdem modern ist. Du könntest ja auch Alexandra anrufen und sie bitten, dir zu helfen. Sie ist doch deine beste Freundin, und Alexandra fällt meistens eine gute Lösung ein.«

»Und wenn ich Opa frage? Vielleicht will er mir eine kaufen?«

»Das kannst du gerne tun. Ich habe ja nichts gegen X-Jeans und würde dir am liebsten all deine Wünsche erfüllen, aber das geht leider nicht.«

»Cool! Kann ich ihm sagen, dass es dein Vorschlag war?«

»Nein, kannst du nicht. Es war schließlich dein Vorschlag, und du musst dafür die Verantwortung übernehmen.«

Ein weiteres Beispiel dafür, dass der Erwachsene Nein sagen kann – in diesem Fall sogar zu zwei verschiedenen Wünschen –, ohne dass einer der beiden oder das Verhältnis zwischen Mutter und Kind darunter leidet. Im McDonald's-Beispiel ging es um den Konflikt zwischen der Grundüberzeugung der Mutter und dem Wunsch des Kindes, im zweiten um die Lust auf materielle Werte. Mehr oder minder direkt ging es dabei auch um ein Thema, das im Bewusstsein beider Seiten oft eine große Rolle spielt: das Bedürfnis, einer bestimmten Gruppe anzugehören bzw. die Angst, von dieser ausgeschlossen zu werden. Dieses Bedürfnis kann sowohl den Wunsch nach Konformität als auch den Willen zu größerer Individualität auslösen.

Vielleicht mögen Sie die beiden Dialoge noch einmal lesen und überlegen, was Sie selbst gesagt hätten.

Grundsätzlich stellt sich die Frage, wie viel Rücksicht man auf die Furcht des Kindes nehmen soll, aus der Gruppe ausgestoßen zu werden. Hier muss man differenzieren:

Wenn das Kind nur darauf hinweist, dass »alle anderen« schon die ersehnte Jeans besitzen, braucht man dem meiner Erfahrung nach nicht allzu viel Bedeutung beimessen.

Wenn das Kind bei diesem Thema aber Tränen in den Augen hat und kaum einen Ton herausbekommt, dann handelt es sich vielleicht um ein schwerwiegendes allgemeines Problem, über das man bei nächster Gelegenheit miteinander sprechen sollte. Wenn das Kind im Allgemeinen sehr auf die Forderungen und Erwartungen der Umgebung fixiert ist und Schwierigkeiten hat, sich selbst zu definieren, dann sollten die Eltern ihm helfen, eine gesündere Balance zwischen Individualität und Konformität zu finden. Bei dieser Gelegenheit können die Erwachsenen auch ihre Grundeinstellung überdenken, damit sie beispielsweise an die Individualität ihres Kindes keine höheren Erwartungen stellen, als sie selbst einlösen könnten.

Wenn der Gruppendruck als außerordentlich stark empfunden wird, kann einer der Eltern das Gespräch mit den anderen Kindern der Gruppe suchen, etwa wenn diese mal zu Besuch sein sollten –

sowohl um selbst ein genaueres Bild von den tatsächlichen Verhältnissen zu bekommen als auch um den Kindern zu vermitteln, welche Auswirkungen ihr Verhalten auf sie selbst und andere hat. Reden Sie direkt und freundlich mit ihnen, ohne sie zu belehren! Zum Beispiel:

»Hört mal zu, Mädchen. Sarah und ich haben darüber diskutiert, welche Jeans wir für sie kaufen sollen, und natürlich will sie am liebsten eine X-Jeans haben. Das Problem ist nur, dass wir nicht genug Geld haben, um so eine teure Marke zu kaufen, und jetzt hat sie Angst, dass sie von euch aufgezogen oder gemobbt wird, wenn sie eine andere Hose trägt. Meint ihr, da ist was dran?«

»Also bei uns braucht sie da bestimmt keine Angst zu haben, aber es kann schon sein, dass manche Leute komische Bemerkungen machen, wenn man Jeans trägt, die nicht in sind.«

»Und das lasst ihr euch gefallen?«

»Was soll man schon dagegen machen! Aber das Entscheidende ist doch, wie man selbst damit zurechtkommt. Manchmal ist es natürlich nicht leicht, wenn man gerade einen schlechten Tag hat.«

»Ja, das kann ich nachvollziehen. Jedenfalls hoffe ich, dass ihr einander unterstützt, statt euch gegenseitig unter Druck zu setzen.«

Wenn Erwachsene mit Kindern auf Augenhöhe reden, dann macht das Eindruck auf sie – jedenfalls sehr viel mehr, als wenn die Erwachsenen eine Moralpredigt halten. Machen Sie also nie eine große Sache daraus, wenn Sie sich vor den Freunden Ihres Kindes für seine Interessen einsetzen. Das wird nur als demütigend empfunden und verstärkt die Gefahr, gemobbt zu werden.

Manche Eltern haben auch ideologische Überzeugungen, die ihr Ja und Nein in bestimmten Fragen beeinflussen. Hier gelten zwei Grundregeln:

Eltern tun gut daran, ihre ideologischen Überzeugungen zunächst außen vor zu lassen, wenn sich ihr Kind etwas wünscht, das diesen Überzeugungen zuwiderläuft. Wenn sich beispielsweise Ihr Sohn eine Spielzeugpistole wünscht und Sie überzeugter Pazifist sind, dann sagen Sie ihm klar, dass Sie ihm diesen Wunsch nicht erfüllen werden. Sprechen Sie Ihre dahinterliegenden Gründe für diese Entscheidung jedoch zu einem späteren Zeitpunkt an.

Bis zur Pubertät können die Eltern ihre Entscheidungen auch ideologisch begründen. Danach jedoch sollte den Überzeugungen des Jugendlichen ebenso viel Raum eingeräumt werden wie den eigenen. Denn er kennt die Ansichten seiner Eltern sein Leben lang und muss nun seine eigenen formulieren.

**Sollen Eltern stets erfüllen,
worauf ihre Kinder Lust haben?**

Die Frage »Wozu hast du Lust?« ist ein Teil der Erbschaft meiner eigenen Generation, mit der heutige Eltern zu kämpfen haben. In den 70er- und 80-Jahren betrachteten wir die Freiheit, unserer persönlichen Lust und Neigung nachzugehen, als Gegengift gegen all die Pflichten, die man uns früher auferlegt hatte. Im Grunde war es nur der Versuch, dem Individuum in der Gemeinschaft mehr Platz einzuräumen – ein wohlbegründeter Protest, wenn man bedenkt, dass wir uns im politischen Trotzalter befanden. Wenn wir einander fragten, wozu wir

Lust haben, war dies ein sprachliches Symbol dafür, dass wir unsere Wünsche und Bedürfnisse unter keinen Umständen unterdrücken wollten.

Seit damals, als alles im politischen Kontext betrachtet wurde, hat sich die europäische Kultur dahingehend verändert, dass heute vieles im psychologischen Kontext betrachtet wird. Doch der allgemeine Wille, weder Kinder noch Erwachsene zu unterdrücken, besteht fort und ist ein Teil unseres gemeinsamen Wertesystems geworden. Im Bewusstsein, einer materiellen Überflussgesellschaft anzugehören, geben wir uns der Illusion hin, jederzeit das bekommen zu können, worauf wir am meisten Lust haben. Mit anderen Worten: Wenn ich alles tun und bekommen kann, worauf ich Lust habe, dann führe ich ein optimales Leben.

Doch ist das wirklich so? All unsere Erfahrung weist darauf hin, dass es andere Faktoren sind, die uns das Gefühl vermitteln, ein schönes Leben zu führen. Unter anderem scheint die Fähigkeit, sich Ziele zu setzen und zumindest einige davon zu erreichen, in dieser Hinsicht eine große Rolle zu spielen. Dasselbe gilt für die Freiheit, seine Träume formulieren und realisieren zu können. Beides erfordert, dass wir Dinge tun und Prozesse durchleben müssen, an denen uns nichts liegt, ja die womöglich frustrierend und schmerzhaft sind. Das gilt sowohl für unsere individuelle Existenz als auch für die Notwendigkeit, einen konstruktiven Beitrag für die Gemeinschaft zu leisten.

Wenn Eltern ihre Kinder heutzutage fast ständig fragen, wozu sie Lust haben, und die momentanen Wünsche der Kinder zur Richtschnur ihres Verhaltens machen, bringt dies vermutlich ihren Willen zum Ausdruck, den Bedürfnissen und Gefühlen der Kinder ausreichend Platz im Familienleben einzuräumen. Ich habe mich an anderer Stelle schon eingehend mit dieser Problematik beschäftigt (zum Beispiel in dem Buch *Was Familien trägt*) und möchte hier nur auf Folgendes hinweisen:

Kinder sind sich zwar ihrer eigentlichen Bedürfnisse nicht bewusst, sie wissen aber fast immer, wozu sie gerade Lust haben. Deshalb brauchen sie Eltern, von denen sie lernen können, worin der Unterschied zwischen diesen beiden Dingen besteht und wann man welchem Aspekt den Vorzug gibt.

Wenn Eltern den momentanen Wünschen der Kinder stets Vorrang einräumen, übertragen sie damit die Verantwortung für das Wohlergehen der Familie auf die Kinder. Geschieht dies über mehrere Jahre hinweg, können sie ihre Fähigkeiten zu Empathie und zu sozialem Miteinander nicht entwickeln, worunter auch das Verhältnis zwischen Eltern und Kindern leidet.

Wenn Kinder das bekommen, worauf sie Lust haben, nehmen sie daran keinen Schaden, sofern die Eltern durch dieses Verhalten nicht versuchen, Konflikten aus dem Weg zu gehen, sich beliebt zu machen oder eigene Bedürfnisse und Grenzen zu unterdrücken.

Durch die Auflösung der autoritären Familie hat sich auch der Status von Kindern grundlegend geändert. Waren sie früher weitgehend unterdrückte Objekte der Erwachsenen, genießen sie heute in mancher Hinsicht eine rapide gewachsene Freiheit. Heute steht es ihnen frei, weitreichende Entscheidungen für ihr eigenes Leben zu treffen, was hohe Anforderungen an ihre Einsichtsfähigkeit und Eigenverantwortung stellt. An sich eine begrüßenswerte Entwicklung, die aber auch bedeutet, dass Kinder die Möglichkeit haben müssen, ihre Entscheidungskompetenz rechtzeitig zu entwickeln. Sie müssen, kurz gesagt, herausfinden, was sie wirklich wollen – nachdem sie noch vor einer Generation weitgehend dem Willen ihrer Eltern unterworfen waren.

Daher möchte ich Eltern wie Pädagogen vorschlagen, die Frage »Worauf hast du Lust?« in den allermeisten Fällen (es sei denn, Sie wollen gerade ein Eis kaufen) durch die Fragen »Was willst du?«, »Was willst du am liebsten?« oder »Was möchtest du gerne?« zu ersetzen.

Kleinere Kinder werden eine Zeit lang automatisch äußern, wozu sie Lust oder eben keine Lust haben, doch allmählich werden sie zu unterscheiden lernen.

»Wann willst du heute deine Hausaufgaben machen?«

»Ich hab keine Lust auf Hausaufgaben!«

»Okay, jetzt weiß ich, wozu du keine Lust hast. Und jetzt möchte ich wissen, was du willst.«

»Das hab ich doch gerade gesagt.«

»Nein, du hast nur gesagt, wozu du keine Lust hast. Ich habe verstanden, dass du keine Lust auf deine Hausaufgaben hast, aber willst du sie trotzdem machen?«

»Das muss ich ja wohl.«

»Ja, sieht ganz so aus.«

»Ach … ich hab aber trotzdem keine Lust!«

»Das kann ich gut nachvollziehen. Aber man kann ohne Weiteres auch Dinge tun, zu denen man keine Lust hat.«

Hier wird die Unlust des Kindes ernst genommen und nicht kritisiert, doch gleichzeitig wird ihm die Möglichkeit gegeben, den Unterschied zwischen Lust und Willen zu begreifen. Das wird ihm später zugutekommen, wenn es im Alter von zehn, elf Jahren – zum Beispiel bei der Benutzung des Internet – weitreichende Entscheidungen treffen muss. Das ständige Training, einen inneren Dialog über das Verhältnis von oberflächlicher Lust/Unlust und tieferen Bedürfnissen zu führen, ist für das Selbstbewusstsein von Kindern und Erwachsenen von entscheidender Bedeutung, weil daran auch die Fähigkeit gekoppelt ist, sich gegenüber anderen Menschen, Gruppen, Drohungen und Versprechungen zu definieren und abzugrenzen.

Natürlich ist prinzipiell nichts dagegen einzuwenden, Dinge zu tun, weil man gerade Lust dazu hat. Doch sollte man zu beidem in der Lage sein: durchdachte Entscheidungen zu treffen und einer Laune nachzugeben.

Aber Kinder, mögen Sie jetzt vielleicht einwenden, werden doch so traurig, wenn man ihnen ihre Wünsche verweigert.

Das ist schon richtig, doch liegt das an ihren ersten frühkindlichen Erfahrungen, die sie gelehrt haben, dass Liebe und Fürsorge einzig darin besteht, seine Wünsche und Bedürfnisse so schnell wie möglich erfüllt zu bekommen. Wenn Eltern und andere Menschen damit beginnen, hin und wieder Nein zu sagen, führt das zu kindlicher Frustration, doch gehören auch Tränen zu der Nahrung, die Kinder brauchen, wenn sie authentische Beziehungen zu anderen Menschen aufbauen wollen. Es ist nicht die Liebe, die Eltern dazu veranlasst, ihren Kindern jede Frustration zu ersparen. Entweder ist es Sentimentalität oder der Wunsch, als guter Vater oder gute Mutter erlebt zu werden. Liebe bedeutet, dem Kind das zu geben, was es tatsächlich benötigt, um ein schönes Leben führen zu können. Darum ist das Nein, das Eltern die größte Selbstüberwindung fordert, oft die liebevollste Antwort, die ein Kind bekommen kann.

Wann ist ein Nein
die richtige Antwort?

Natürlich muss jeder die Frage selbst beantworten, wozu man Nein sagen kann und will. Daher möchte ich im Folgenden nur ein paar generelle Überlegungen anstellen und Erfahrungen weitergeben: Lassen Sie uns damit beginnen, wozu wir Eltern nicht Nein sagen dürfen.

Wir dürfen nicht Nein zu den elementaren Bedürfnissen unserer Kinder nach Nähe, Verbundenheit, Sicherheit, Nahrung, Fürsorge, Kleidung und Schlaf sagen. Tun wir es dennoch, verletzen wir unsere Fürsorgepflicht und können das Recht verlieren, mit unseren Kindern zusammenzuleben. Es gibt immer noch einige Eltern, die aus unterschiedlichen Gründen nicht in der Lage sind, ihrer Verantwortung gerecht zu werden. Daher müssen ihre

Kinder mittel- oder langfristig in andere Obhut gegeben werden. Solche Eltern sind weder bessere noch schlechtere Menschen als diejenigen, die das Privileg besitzen, ihrer Verantwortung gerecht zu werden.

Ansonsten dürfen Eltern nahezu in jedem Fall Nein sagen. Ich möchte jedoch folgende Reflexionsübung vorschlagen, ehe Unsicherheit und Zweifel ein unreflektiertes Nein zur Folge haben.

Das reflektierte Nein

Vergewissern Sie sich Ihrer eigenen Wertvorstellungen, Grenzen und Bedürfnisse und überdenken Sie die Konsequenzen, die Ihr Nein für das Leben Ihrer Kinder haben kann. Befinden sich Ihre Kinder bereits im dritten Lebensjahr, sollten Sie deren Gedanken, Erfahrungen, Ängste und Erwartungen in Ihre Überlegungen mit einbeziehen. Das bedeutet nicht, ihnen dieselben Mitbestimmungsrechte einzuräumen wie den Erwachsenen, doch ebenso wie Sie haben Kinder ein Recht darauf, ernst genommen und gehört zu werden. Außerdem sind ihre Beiträge oft genauso überraschend wie wertvoll. Darüber hinaus sind sie eine unschätzbare Quelle, wenn es darum geht, über ihr Selbstverständnis, ihre Grenzen und Wünsche auf dem Laufenden zu bleiben. Kinder reden nicht gern über ihre Gefühle, können sich aber glänzend ausdrücken, wenn wir ihnen die Möglichkeit geben, darüber zu sprechen, was sie beschäftigt.

Traditionell wird Eltern nur wenig Raum eingeräumt, um sich mit eigenen Zweifeln zu beschäftigen und sich die Zeit zu nehmen, die es manchmal braucht, um eine Entscheidung treffen zu können, die sie auch vertreten können. Doch macht es sich bezahlt, sich genug Zeit zu nehmen. Keinesfalls ist man deshalb eine schlechtere Mutter oder ein schlechterer Vater. Kinder wollen oft sofort eine Entscheidung herbeiführen, haben auf lange Sicht aber viel Respekt vor Eltern, die sich wirklich Mühe in der Entscheidungsfindung geben.

Im Universum der Kinder gibt es stets Dinge, für die ihre Eltern nur wenig übrig haben. Sie wechseln mit der Mode. Lange Zeit haben sich Mädchen mit Barbiepuppen und Jungen mit Pokemon beschäftigt. In anderen Zeiten waren es eher Kriegsspielzeug und Plastikpferde. Für viele Eltern stellt dies kein Problem dar: Natürlich sollen die Kinder das bekommen, was gerade in Mode ist. Was sonst!

Doch gibt es keine sachlichen Argumente oder Forschungsergebnisse, die diese Einstellung stützen. Jeder muss in dieser Frage seine eigenen Kriterien entwickeln und sich nach ihnen richten. Man sollte damit beginnen, wenn die Kinder noch klein sind und die Entscheidung nicht schwieriger ist als zwischen Legosteinen und der klischeehaften Parodie einer Frauenfigur. Denn es vergehen nur zehn Jahre, bevor die Entscheidungen schwieriger werden und langfristige Konsequenzen tragen. Das Wichtigste ist, dass Kinder in einer Familie aufwachsen, in der sie lernen, sich selbst und die anderen ernst zu nehmen.

Doch wie soll man sich gegenüber den kindlichen Reaktionen auf ein Nein verhalten, die enttäuscht, traurig oder zornig sein können? Muss man die nicht auch ernst nehmen?

Ja, natürlich muss man das.

Keinesfalls darf man die emotionalen Reaktionen, die aus kindlicher Sicht notwendig und relevant sind, kritisieren, ironisieren oder ins Lächerliche ziehen.

Die meisten Kinder weinen in acht bis zehn verschiedenen Tonarten, und es ist wichtig zu lernen, was diese jeweils bedeuten. Wird das Weinen durch Konflikte mit den Eltern hervorgerufen, ist es oft Ausdruck von Frustration – einem Cocktail, der aus Trauer, enttäuschten Erwartungen und Zorn besteht: eine ganz natürliche und notwendige Reaktion, die erfolgen muss, damit der Lernprozess fortschreiten kann. Es besteht für die Eltern kein Grund, sich diese Frustration allzu sehr zu Herzen zu nehmen oder gar ein erzieherisches Versagen daraus abzuleiten. In die Frustration der Kinder sollten sich Eltern prinzipiell nicht einmischen. Sie sollten weder gleich mit Trost bei der Hand sein noch versuchen, die Frustration anderweitig zu bekämpfen oder zu relativieren. Hingegen ist eine empathische, anerkennende Bemerkung durchaus am Platz, wie zum Beispiel:

> *»Ich wusste gar nicht, dass du es dir so gewünscht hast!«*
> *»Ich verstehe, dass du sehr enttäuscht bist. Ich hoffe, du kommst bald darüber hinweg.«*

Doch gerade solch empathische Reaktionen scheinen manchen Eltern Schwierigkeiten zu bereiten. Es ist, als fühlten sie sich verpflichtet, Ja zu sagen, wenn sie erst einmal die Bedeutung des Wunsches für ihre Kinder erkannt haben. Das ist jedoch die gleiche Logik, als dürfte man Kindern keinen Wunsch abschlagen, wenn man sie erst einmal gefragt hat: »Was möchtest du heute Abend essen?«, »Was, meinst du, sollen wir am Sonntag unternehmen?« oder »Was wünschst du dir zu Weihnachten?« So weit ich das beurteilen kann, gründet dieses Verhalten in gut gemeinten demokratischen Werten, die jedoch aus irgendeinem Grund nur den Kindern zugute kommen. Ich frage oft meine Frau, was sie zu Abend essen möchte, ohne dass ich mich verpflichtet fühle, ihren Wunsch unbedingt zu erfüllen. In gleicher Weise fragt sie mich hin und wieder, welches Kleid sie anziehen soll, um eine Stunde später in einem ganz anderen aufzutauchen. Solche Fragen bringen ein Interesse an der Meinung des anderen, an Kommunikation und Inspiration zum Ausdruck, sollten den Fragenden aber nicht dazu verpflichten, sich automatisch nach der Antwort zu richten – unabhängig davon, ob sie von Kindern oder Erwachsenen kommt. Wenn wir einem anderen Menschen recht geben oder seinem Willen entsprechen, dann ist dies eine Art zu zeigen, dass wir ihn ernst nehmen, doch gibt es auch andere Möglichkeiten. Mitunter bringen die Fragen auch zum Ausdruck, dass jemand Streit und Konflikten aus dem Weg gehen möchte.

Das spontane Nein

Eltern empfinden hin und wieder einen spontanen Widerwillen gegen gewisse Wünsche ihrer Kinder. Das mag daran liegen, dass sie bestimmte Normen und Werte so sehr verinnerlicht haben, dass sie nicht nachzudenken brauchen, bevor sie antworten. In anderen Fällen handelt es sich um »unverdautes Strandgut« aus ihrer eigenen Kindheit, und natürlich gibt es auch Reaktionen, die vollkommen irrational und kaum zu erklären sind. Falls ein solches Nein einen großen Konflikt nach sich zieht, lohnt es sich sicher, über seine eigenen Beweggründe nachzudenken, wenngleich man nicht immer eine Erklärung für sein Verhalten bereithalten muss. Es ist weitaus gesünder für die Beziehung zwischen Eltern und Kindern, wenn Erstere ihr Recht auf Irrationalität in Anspruch nehmen, statt ständig komplizierte pädagogische Erklärungen konstruieren zu müssen:

»Ich kann dir nicht erklären, warum ich Nein sage, weil ich es selbst nicht weiß. Ich weiß nur, dass es mir ernst ist, also musst du bis auf Weiteres damit leben.«

Menschen sind keine rationalen Wesen, und ich meine tatsächlich, dass Kinder wie Erwachsene ein Recht darauf haben, irrational oder sogar ungerecht zu sein. Das führt nicht selten dazu, dass man erst Tage, Wochen oder Monate später dem anderen eine Erklärung »nachreicht«. Doch wenn man jederzeit mit einer spontanen Erklärung bei der Hand ist, verwehrt man dem eigenen Bewusstsein, eine bestimmte Frage weiter zu bearbeiten. Auf diese Weise lernen wir nichts über uns selbst.

Es gibt keinen Grund, warum Eltern immer auf alles eine Antwort haben oder stets vernünftig und ausgewogen reagieren sollten. Kinder wissen sehr genau, was es heißt, sich irrational zu verhalten, und ziehen daher auch keinen Nutzen aus dem Zusammenleben mit Erwachsenen, die anders sein wollen, als sie wirklich sind.

Es ist mein voller Ernst, dass das Recht auf unangemessenes und irrationales Verhalten in die Menschenrechtskonvention der Vereinten Nationen (oder an anderer passender Stelle) aufgenommen werden sollte. Und vielleicht sollte man der UNO-Kinderkonvention auch gleich hinzufügen, dass Kinder ein Recht darauf haben, in regelmäßigen Abständen mit Erwachsenen zusammen zu sein, die nicht so tun, als seien sie Übermenschen.

Wenn ein Nein verhandelbar ist

Dürfen Eltern, die Nein gesagt haben, sich umstimmen lassen, und begehen sie damit den Fehler, zu nachgiebig und inkonsequent zu sein?

Generell lässt sich sagen, dass ein Nein immer verhandelbar sein sollte, sofern zwei Voraussetzungen erfüllt sind. Voraussetzung Nummer eins ist, dass der Erwachsene sein Nein nicht für so fundamental wichtig hält, dass daran einfach nicht zu rütteln ist. Voraussetzung Nummer zwei ist, dass es hier um ein Gespräch oder einen Dialog geht und nicht um Quengelei, Erpressung oder grobe Manipulation. Falls Letzteres der Fall ist, müssen Eltern darüber nachdenken, wie sie diesen destruktiven Zug im Leben ihrer Familie beseitigen können.

Verhandlungen im weiteren Sinn, also das Austauschen unterschiedlicher Standpunkte, gehören nicht nur zur Strategie von Geschäftsleuten und Politikern. Sie sind auch ein Mittel praktizierter Gleichwürdigkeit. Durch sie lernen wir uns selbst und einander besser kennen und erhalten zudem Informationen, die wir nicht bekommen würden, wenn wir nicht offen für gleichwürdige Gespräche wären. Ein Erwachsener, der nach einem gleichwürdigen Gespräch an seinem Nein festhält oder es in ein Ja umwandelt, genießt bei Kindern einen weitaus höheren Respekt als ein Erwachsener, der alles daransetzt, sich von der Realität anderer nicht beeinflussen zu lassen.

Aber ist es denn nicht wichtig, konsequent zu sein?

Das hängt davon ab, was Sie mit »konsequent« meinen. Wenn Sie im Grunde »konsistent« meinen, also Ihren Grundüberzeugungen treu bleiben und sie zum Maßstab Ihres Handelns machen wollen, dann ist das in der Tat wichtig.

Aber davon auszugehen, dass man heute noch in allen Fragen dieselbe Ansicht vertritt wie letzte Woche, ist weder realistisch noch klug, weil man sich selbst der Möglichkeit beraubt, etwas dazuzulernen. Und genau darum geht es doch im Zusammenleben mit unseren Kindern – sich selbst und seine Kinder besser verstehen zu lernen sowie klüger und reifer zu werden, was die eigenen Wertvorstellungen, Ansichten und Entscheidungen betrifft.

Gefährlich ist der Mangel an Konsequenz, den träge und bequeme Eltern an den Tag legen, weil sie wichtigen Konflikten aus dem Weg gehen oder sich kurzfristig beliebt machen wollen. Das verunsichert die Kinder, macht sie labil und lehrt sie, dass Erwachsene sich erpressen und manipulieren lassen.

Wenn ein Erwachsener und ein Kind sich zunächst unterschiedlich zu einem spontanen Wunsch des Kindes stellen, ist es nicht so wichtig, ob ihr Gespräch dazu führt, dass einer von beiden die Meinung wechselt oder ob beide an ihren Standpunkten festhalten. Es ist die Qualität der Diskussion, die über den Charakter ihrer Beziehung und ihre Beurteilung des Ergebnisses entscheidet.

Die Qualität der Diskussion beruht auf dem Willen und der Fähigkeit beider Seiten, den eigenen Standpunkt zu vertreten und dem anderen zuzuhören. Werden die Standpunkte und Wünsche des anderen hingegen nur kritisiert und heruntergemacht, dann wird aus dem Dialog ein Machtkampf, und daraus entsteht kaum etwas Konstruktives, ganz gleich, wie geschickt und zivilisiert er geführt werden mag. Er ist leicht zu gewinnen und schmerzlich zu verlieren, und Einsamkeit ist das einzig vorhersehbare Resultat.

Manche Erwachsenen klagen darüber, dass die Diskussionen ihnen zu anstrengend würden, weil die Kinder so geschickt im Diskutieren seien. Oft liegt das daran, dass Eltern nicht in der Lage sind, den Kindern die Kunst des konstruktiven Diskutierens zu vermitteln, die unter anderem darin besteht, sich so genau wie möglich auszudrücken. Ich kann zwar verstehen, wenn Eltern und Lehrer keinen Sinn darin sehen, stundenlange Diskussionen über jede Kleinigkeit zu führen, doch lässt sich jederzeit eine Gesprächspause verordnen:

»Ich will über dieses Thema nicht stundenlang diskutieren, doch auf der anderen Seite will ich natür-

lich deine Meinung erfahren. Lass uns einfach eine
Pause machen und weiterreden, nachdem wir beide
darüber nachgedacht haben.«

Wenn das Kind damit nicht einverstanden ist, ge-
nügt es hinzuzufügen:

»Ich meine es ernst. In der Zwischenzeit kannst du
dir deine Argumente überlegen und versuchen, sie
so kurz und präzise wie möglich zu formulieren.
Dafür verspreche ich auch, dir aufmerksam zuzu-
hören.«

Gleichwürdigkeit und Demokratie gleichen sich in-
sofern, als dass beide Zeit und Engagement erfor-
dern. Als Erwachsener kann man schon mal der
Versuchung erliegen, sich die guten alten Tage zu-
rückzuwünschen, in der das Wort der Eltern noch
Gesetz war und der Diskussionswille der Kinder als
vorlaut und unverschämt galt. Ich will nicht verleugnen, dass es immer noch möglich ist, kleinere
Kinder so zu behandeln, doch der Preis ist hoch.

Warum es ohne ein echtes Nein
kein echtes Ja geben kann

Bevor ich auf die Kunst zu sprechen komme, zu größeren Kindern und Jugendlichen Nein zu sagen, möchte ich ein paar Bemerkungen darüber machen, warum das Nein eine wesentliche Voraussetzung dafür ist, aus ganzem Herzen Ja sagen zu können.

Es scheint ein allgemein menschlicher Zug zu sein, dass wir nur dann aus voller Überzeugung Ja sagen können, wenn wir uns frei genug fühlen, auch Nein zu sagen. Das gilt nicht nur innerhalb der Familie, sondern auch für Freundschaften sowie für das Verhältnis des Einzelnen zur Gesellschaft oder zum Arbeitgeber. Kurz gesagt: für jeden Menschen und jede Institution, zu der wir eine stabile Beziehung wünschen, weil sie für uns von Bedeutung ist.

Wenn wir nicht die Möglichkeit haben, Nein zu sagen – dies zumindest so empfinden –, bleiben uns nur drei gleichermaßen unbefriedigende Möglichkeiten: das lauwarme Ja, die Lüge oder die Resignation.

Im Verhältnis zu Kindern wird das besonders deutlich. Kinder weigern sich oft, das zu tun, was ihre

Eltern sich wünschen oder von ihnen verlangen – sei es die Zähne zu putzen, sich anzuziehen, aufzuräumen oder Hausaufgaben zu machen. Begegnet man ihrem Nein mit Kritik, Überredungsversuchen, Motivation, Druck, Drohungen oder Versprechungen, kommt es oft zu festgefahrenen Situationen, in denen beide Seiten ihre Würde verlieren. Begnügt man sich jedoch damit, seinen Wunsch zu wiederholen, um sich anschließend zu entfernen (oft nur für wenige Minuten), gibt man dem Kind Gelegenheit, seinen Unwillen zur Zusammenarbeit zu überdenken. Es erhält damit die Möglichkeit, unter Wahrung der persönlichen Integrität Ja zu sagen, statt einfach zu gehorchen oder sich bedrückt zu fügen.

Das funktioniert jedoch nicht, wenn Eltern diese Methode nur als Trick anwenden, um ihren Willen durchzusetzen. Ein solches Vorgehen muss vom Respekt vor der Integrität des Kindes und vom Glauben an seinen Kooperationswillen getragen werden. Dasselbe gilt in hohem Maße für die Beziehung unter Erwachsenen.

So sehr die Familie eine liebevolle und fürsorgliche Gemeinschaft sein kann, so ist sie doch auch ein komplexes Machtsystem, in dem der Einzelne seine Integrität verteidigen muss. Und das Code-wort für diese wichtige Aufgabe ist das Nein. Ob dies in offener und ehrlicher Auseinandersetzung oder in Form eines Guerillakriegs geschieht, hängt von der Konfliktkultur der einzelnen Familie und der Führungsstärke der Erwachsenen ab. Eine Gemeinschaft, in der die Individualität der einzelnen Mitglieder respektiert wird, ist eine starke Gemeinschaft. Fehlt es an diesem Respekt, sind Unterdrückung und Egoismus Tür und Tor geöffnet.

Kinder, die in besonderem Maße auf ihrer Autonomie bestehen

Es gibt eine Gruppe von Kindern, für die die Möglichkeit, Nein zu sagen, bevor sie Ja sagen können, von ganz entscheidender Bedeutung ist. Ich nenne sie »autonome Kinder«, weil ihre Neigung, sich abzugrenzen, schon von Geburt an stärker ausgeprägt ist als bei anderen. Es »fehlt« ihnen nichts, und sie sollten daher auch nicht mit den jugendlichen »Autonomen« verwechselt werden, die wir als vermummte Demonstranten oder Hausbesetzer kennen. Sie unterscheiden sich nur eben von der Mehrzahl der Kinder, die es liebt, mit ihren Eltern zu verschmelzen, und willig ihre eigenen Grenzen aufgibt, um Wärme und Fürsorge zu erfahren.

Oft, wenn auch nicht immer, kann man diese Kinder schon unmittelbar nach der Geburt daran erkennen, dass ihre Gesichter und ihre Körper »fertiger« erscheinen als die anderer Säuglinge. Sie haben keinen Babyspeck, ihre Muskulatur ist wohl definiert, und motorisch sind sie ihren Gleichaltrigen oft überlegen. Ihr Verhalten ist vor allem dadurch gekennzeichnet, dass sie weitgehend unempfänglich für das sind, was wir gemeinhin unter Fürsorge verstehen. Sie sind oft allergisch gegenüber Körperkontakt, der nicht von ihnen ausgeht, und weichen vor jedem erwachsenen Verhalten zurück, das nicht vollkommen authentisch und frei von pädagogischer Manipulation ist. Bei einigen äußert sich dieses Verhalten vorwiegend zu Hause, bei anderen aber auch im Kindergarten und in der Schule.

Ihre Eltern stellen diese Kinder auf eine harte Probe, weil diese ständig das Gefühl haben, dass sie sich nicht richtig verhalten oder dass ihre Liebe abgewiesen wird. Eine Mutter, deren Tochter inzwischen acht Jahre alt war, hat das mir gegenüber unter Tränen folgendermaßen beschrieben:

»Ich habe drei andere Kinder ohne Probleme erzogen, doch bei ihr habe ich das Gefühl, dass ich sie einfach nicht lieben kann. Natürlich liebe ich sie, aber sie will mich und meine Liebe nicht so annehmen wie die anderen Kinder. Sie will nicht ins Bett gebracht werden, wenn es Schlafenszeit ist, sondern besteht darauf, ins Bett zu gehen, wann es ihr passt. Sie verweigert sich allen Normen und Regeln, die ihre Geschwister stets vorbehaltlos akzeptiert haben. Von Geburt an hat sich ihr Körper versteift, wenn ich sie in den Arm genommen habe. Ich darf ihre langen Haare nicht kämmen, und wenn sie darauf besteht, trägt sie mitten im Winter eine Sommerjacke.«

Autonome Kinder haben dasselbe Bedürfnis nach Nähe und Fürsorge wie alle anderen Kinder, doch insistieren sie darauf, selbst über deren Zeitpunkt und Umfang zu entscheiden. Ihr Verhalten verdeutlicht den grundlegenden Konflikt aller Menschen zwischen den Bedürfnissen nach Zusammengehörigkeit und Unabhängigkeit.

Bildlich gesprochen lassen sich andere Kinder gern füttern und später bedienen, während man den autonomen Kindern ein Büffet aufbauen muss, von dem sie sich selbst bedienen können. Sie nehmen ihre persönlichen Grenzen ungeheuer ernst und sagen nur dann Ja, wenn sie die absolute Wahlfreiheit haben. In vieler Hinsicht benehmen sie sich wie reife Erwachsene, die ein ausgeprägtes Selbstbild haben.

Wenn Eltern unaufdringlich ihre Hilfe anbieten und sich aller Erklärungs-, Motivations- und Manipulationsversuche enthalten, dann nehmen autonome Kinder diese Hilfe gern an. Ihr Körper entspannt sich, und ihre Erleichterung, der Einsamkeit entronnen zu sein, wird deutlich. Erst wenn die Eltern ihre Eigenart voll und ganz akzeptieren, lassen sie es zu, dass man sich um sie kümmert und sie umsorgt.

Das Nein gegenüber
Jugendlichen und Teenagern

Die Konsumgesellschaft bezeichnet die Zehn- bis Vierzehnjährigen manchmal als »Tweens«. Es handelt sich um eine Verkürzung von »in-betweens«, womit eine Altersgruppe gemeint ist, die sich zwischen Kindheit und Pubertät befindet. Psychologen bezeichnen diese Phase als Vorpubertät. Diese Gruppe, um deren Gunst die Konsumindustrie buhlt, stellt einen bedeutenden ökonomischen Machtfaktor dar – oft im krassen Gegensatz zu den Wertvorstellungen der Eltern. Die Unsitte der Supermärkte, die Süßigkeiten in Kopfhöhe der Kinder zu platzieren, ist nur ein unbedeutendes von zahllosen Beispielen dafür, wie versucht wird, sich der Gehirne und Bankkonten dieser Altersgruppe zu bemächtigen.

Gleichzeitig beginnen die meisten Kinder vom elften Lebensjahr an, sich mehr an den Gleichaltrigen und weniger an den Eltern und der eigenen Familie zu orientieren, deren Werte und Normen bisher die Hauptrolle gespielt haben. Was keineswegs bedeutet, dass Eltern und Familie jeglichen Einfluss verloren haben. Es bedeutet, dass die

Kinder in den nächsten Jahren lernen müssen, mit zwei verschiedenen Wertesystemen umzugehen, die oftmals miteinander kollidieren. Wenn schließlich wie ein Blitz aus heiterem Himmel die Pubertät einsetzt, wird alles noch einmal auf den Kopf gestellt. Der Eindruck mancher Eltern, herausgefordert und provoziert zu werden, ist reiner »Kinderkram« verglichen mit der Riesenmenge an Eindrücken, Manipulationsversuchen und unfreiwilligen Veränderungsprozessen, auf die ihre Kinder reagieren müssen.

Von diesem Zeitpunkt an nimmt die Möglichkeit der Eltern, Macht über ihre Kinder auszuüben, immer mehr ab, und allein der Gedanke, ein Machtwort sprechen und Nein! sagen zu wollen, scheint vielen ebenso geboten wie hoffnungslos. Doch glücklicherweise gibt es andere Möglichkeiten als Gebote und Verbote, um seinen Einfluss geltend zu machen.

Zunächst sollte man sich vergegenwärtigen, dass die Werte und das Verhalten der Eltern im Bewusstsein der Kinder weiterhin eine sehr große Rolle spielen. Dies zu sehen oder zu hören ist nicht immer ganz leicht, weil die Kinder sich oft mit der Stimme ihrer eigenen Kultur ausdrücken – eine verständliche Entscheidung, wenn man sich vor Augen führt, dass die Kinder in ihren ersten zehn Lebensjahren nahezu sämtliche Energie darauf verwandt haben, sich dem Weltbild ihrer Eltern anzupassen und diesem gegenüber absolut loyal zu sein. In gewisser Weise leben die Eltern in der Vergangenheit und die Kinder in der Zukunft, und zwar in einer Zukunft, für die ihre Eltern nur ein Besuchervisum erhalten können. Ältere Kinder sprechen mit der Stimme der Zukunft, und es lohnt sich, genau zuzuhören, weil sie mit dieser Stimme für den Rest ihres Lebens sprechen werden.

Aus demselben Grund ist es wichtig, dass Eltern weiterhin ihre eigenen Werte repräsentieren und akzeptieren, dass Gegensätze unvermeidlich sind. Dass sie aus Überzeugung Nein sagen und für das Recht ihrer Kinder eintreten, dasselbe zu tun. Es ist erforderlich, eine Brücke zwischen Vergangenheit und Zukunft zu bauen, und das ist vor allem die Aufgabe der Eltern.

Das Schwierigste ist, die Macht und Kontrolle aus der Hand zu geben, unabhängig davon, wie demokratisch und behutsam man bisher versucht hat, diese auszuüben. Die Möglichkeit, Gebote und Verbote auszusprechen, ist in den Augen vieler Eltern

ein Synonym für das Wahrnehmen ihrer Verantwortung. In gewisser Hinsicht ist das auch richtig.
Jedenfalls ist es unverantwortlich, auf seine Macht
als Erwachsener prinzipiell zu verzichten.

Die Tween-Periode ist die Zeit, in der Eltern einüben kön-
nen, ihre Verantwortung auf eine neue Art und Weise wahr-
zunehmen. Von nun an bewähren sie sich am besten als
»Sparringspartner«, also als Trainingspartner, die maxi-
malen, relevanten Widerstand bieten und geringstmög-
lichen Schaden anrichten.

Das bedeutet in der Regel, dass man mehr und längere Diskussionen führen muss. In manchen Familien werden auch die Konflikte zahlreicher und hef-
tiger. Das hängt ganz davon ab, inwieweit es den
Eltern geglückt ist, die gemeinsamen Konflikte der
Kindheit zu bewältigen.

Wenn die dreizehnjährige Tochter gemeinsam
mit achtzehn- bis zwanzigjährigen auf eine Party
gehen will, kann man dazu ruhig Nein sagen, falls
das der eigenen Überzeugung entspricht – auch
wenn eine der Freundinnen von ihren Eltern die Er-
laubnis bekommen hat. Das mag ein paar Tage
schlechte Stimmung zur Folge haben, möglicher-

weise wird sich die Tochter für den Rest ihres Lebens an diese »schreiende Ungerechtigkeit« erinnern, aber damit müssen beide Seiten leben.

Ist die Tochter hingegen schon fünfzehn Jahre alt, können die Eltern natürlich alles dafür tun, um ihren Einfluss auf die endgültige Entscheidung ihrer Tochter geltend zu machen, doch wäre es unklug, sie unter Androhung von Strafen daran zu hindern, die Party zu besuchen. Mit Einsetzen der Pubertät müssen Jugendliche lernen, die Verantwortung für ihr Handeln zu übernehmen. Wenn Eltern die Kunst des Dialogs beherrschen, werden sie auch weiterhin großen Einfluss auf die Entscheidungen ihrer Kinder ausüben, doch damit sollten sie sich begnügen. Von nun an müssen die Teenager aus dem, was sie in der Kindheit gelernt haben, aus ihren Erfahrungen, Träumen und Zielen, eigene Schlüsse ziehen.

Sagen Sie daher guten Gewissens Nein, wenn Sie wirklich so empfinden. Nur auf diese Weise helfen Sie Ihren Kindern, ausreichend persönliche Integrität aufzubauen, damit sie später, in der großen weiten Welt, selbst Nein sagen können, wenn es darauf ankommt. Möglicherweise werden Ihre Kinder Ihnen vorwerfen, »keine Ahnung zu haben«, aber das ist nicht das Entscheidende. Entscheidend ist, dass Sie guten Gewissens in den Spiegel schauen können.

Aber was nutzt denn mein Nein, werden Sie jetzt vielleicht denken, wenn die Kinder ja doch tun und lassen, was ihnen gefällt? Sicher nutzt es nichts in dem Sinn, dass Sie Ihren Willen bekommen, doch ist Ihr Nein sowohl für die Beziehung zu Ihrem Kind als auch für Ihren Seelenfrieden wichtig; außerdem macht es in der Regel einen größeren Eindruck, als es unmittelbar den Anschein hat.

In manchen Familien artet die Teenagerzeit dergestalt aus, dass alle fortwährend Nein zueinander sagen. Die Eltern versuchen vergeblich, Grenzen und einen verbindlichen Rahmen zu setzen, während die Jugendlichen nahezu unablässig versuchen, diesen Rahmen zu sprengen. Wenn es so weit gekommen ist, sollten die Eltern einmal tief Luft holen, sich das Kind, das sie aufgezogen haben, genau ansehen und sich dazu entschließen, es in seiner gesamten Persönlichkeit und aus vollem Herzen anzunehmen. Gegensätze und Konflikte sind in dieser Lebensphase ganz natürlich, sich permanent gegenseitig zu bekriegen jedoch nicht, und es ist Sache der Eltern, diesen Krieg gegebenenfalls zu beenden. Sie müssen der Tatsache ins Auge sehen, dass ihre Methode der Führung und Begleitung fehlgeschlagen ist – so wohlmeinend und vernünftig sie auch gewesen sein mag –, und nun ihre Kraft darauf konzentrieren, das Verhältnis zu ihrem Kind wieder ins Lot zu bringen. Es geht nicht darum, recht zu haben, sondern den Kontakt und das Vertrauen zueinander zu bewahren.

Die Sache mit dem Vertrauen ist oft kompliziert. Wir haben eine lange Tradition darin, uns gegenseitig die Verantwortung für den Grad unseres Vertrauens und Misstrauens in die Schuhe zu schieben:

»Wie kann ich überhaupt noch Vertrauen zu dir haben, wenn du …«
»Du selbst hast ja schon öfter bewiesen, dass man kein Vertrauen zu dir haben kann!«

Im Grunde ist unser Vertrauen zu anderen Menschen ja Ausdruck eines bestimmten Gefühls, für das wir selbst verantwortlich sind. Misstrauen entsteht oft dann, wenn andere unsere Erwartungen in ihr Verhalten nicht erfüllen. Für ältere Kinder und Teenager ist das Vertrauen der Eltern von alles entscheidender Bedeutung. Wenn sie es nicht spüren, fühlen sie sich wirklich allein gelassen und verzweifeln. Gemeint ist das Vertrauen der Eltern, dass ihre Kinder – ausgehend von ihren eigenen Möglichkeiten und Erfahrungen – mit besten Absichten ihr Bestes tun.

In dieser Lebensphase ist es an den Jugendlichen herauszufinden, welche Überzeugungen ihrer Eltern sie teilen und welche sie ablehnen. Nicht, um eine Distanz zu ihren Eltern aufzubauen, sondern um die eigenen Grenzen, Bedürfnisse, Wünsche und Ziele kennenzulernen. Die Art und Weise, in der ihre Eltern sich in der Vergangenheit definiert und abgegrenzt haben, wird sich unweigerlich in der Art und Weise zeigen, in der die Jugendlichen – ob in oder außerhalb der eigenen vier Wände – nun dazu in der Lage sind. Manche von ihnen gehen ihren eigenen Weg mit großer Selbstverständlichkeit und Autorität, während andere darum kämpfen müssen, sich Stück für Stück von ihrer Kindheit zu befreien.

Lernen, mit gutem Gewissen
Nein zu sagen

Das persönliche Nein ist in jeder Hinsicht das beste Nein. Allein der Weg dorthin ist bereichernd, es wird niemand gekränkt, außerdem hinterlässt es den größten Eindruck. Hinzu kommt, dass es ebenso warmherzig wie konstruktiv ist und Ihr Selbstwertgefühl stärkt.

Doch bevor ich noch mehr Reklame mache, lassen Sie uns ein paar Varianten des unpersönlichen Neins, das am weitesten verbreitet ist, unter die Lupe nehmen:

»Das kannst du dir einfach nicht erlauben!«
»Was glaubst du eigentlich, wer du bist?«
»Das geht doch nicht!«
»Wie kannst du es überhaupt wagen zu fragen?«

»Du bist wohl von allen guten Geistern verlassen!«
*»Ich hör immer nur, du willst, du willst. Vielleicht
könntest du auch mal an die anderen denken.«*
*»Du weißt ganz genau, was ich davon halte, mein
Freund!«*

Das waren einige aggressive und kritisierende Bei-
spiele. Doch oft drücken wir uns auch ausweichend
und schwammig aus:

»Das hört sich eigentlich nicht so gut an …«
»Ach, weißt du, ich fühle mich heute so gestresst …«
*»Du darfst nicht glauben, dass ich dir damit eins
auswischen will, aber …«*
»Also unter normalen Umständen …«
»Im Prinzip schon …«
*»In Ordnung, aber dann musst du mir auch ver-
sprechen …«*

Einer fest verankerten Tradition gemäß empfinden
wir es als peinlich, anmaßend oder egoistisch, uns
persönlich zu äußern. Das hängt damit zusammen,
dass wir lange Zeit in einer Gesellschaft und Fami-
lienstruktur lebten, in der die Fähigkeit, sich unter-
zuordnen, über die Bedürfnisse und Wünsche des

Individuums gestellt wurde. Seither sind in psychologischer Hinsicht große qualitative Fortschritte im Verhältnis der Geschlechter sowie zwischen Eltern und Kindern erzielt worden. Das hat Platz für ganz neue Normen des Zusammenlebens in der Familie geschaffen. Doch sind diese so neu, dass es einerseits immer noch großen Widerstand gegen die neue Ordnung gibt, wir andererseits mit mehr oder minder großem Erfolg versuchen, dieser gerecht zu werden.

Das persönliche Nein entspringt unseren individuellen Wertvorstellungen, Erfahrungen, Gefühlen und Grenzen und ist vor allem durch unsere Eigenverantwortung – ich spreche lieber von persönlicher Verantwortung – motiviert: diejenige Verantwortung also, die jeder Einzelne für seine Gefühle, Gedanken, Handlungen und Entscheidungen übernehmen muss, sofern er diese nicht ignorieren will. Die persönliche Verantwortung ist der Feind aller autoritären Systeme. In demokratischen Systemen und gleichwürdigen Beziehungen ist sie hingegen unerlässlich, sonst fallen wir einander zum Opfer und belasten die Gemeinschaft, anstatt ihr zu nutzen.

Das persönliche Nein gegenüber nahen Familienmitgliedern und Freunden hat nichts mit einer

Abweisung zu tun, sondern damit, zu uns selbst Ja zu sagen. Manchmal entscheiden wir uns dazu, gewisse Opfer zu bringen und Kompromisse einzugehen, doch wenn wir unseren innersten Kern opfern und unsere wichtigsten Grenzen, Bedürfnisse und Werte aufgeben, dann gehen wir keinen Kompromiss mit anderen, sondern mit uns selbst ein. Wir kränken unsere persönliche Integrität, worunter nicht nur unsere Lebensqualität, sondern auch die Qualität unserer zwischenmenschlichen Beziehungen leidet. Manchmal ist es nicht leicht, den eigenen Grenzen und Werten auf den Grund zu gehen; manche Menschen verwechseln sie mit ihren allgemeinen Standpunkten und Ansichten. Das Zusammenspiel mit unseren Nächsten stellt Letztere oft auf die Probe, und hin und wieder erweist sich, dass sie einer Überprüfung nicht standhalten. Zu vielen unserer Meinungen und Ansichten sind wir mehr oder minder zufällig gelangt. Daher müssen wir sie entweder revidieren oder stets neu begründen, wenn sie nicht zu einem Schild werden sollen, das nur dazu dient, andere Menschen, die sich von uns unterscheiden, auf Distanz zu halten.

Was nicht bedeutet, dass wir übervorsichtig sein müssen, um einander nicht zu kränken. Es ist sehr wichtig, dass sich unsere Nächsten mit ihren Bedürfnissen, Wünschen und Forderungen an uns wenden und eine gewisse Ausdauer an den Tag legen, um diese auch erfüllt zu bekommen. Nur auf diese Weise können wir herausfinden, wozu wir Ja sagen können und wozu wir Nein sagen müssen. Unser »Selbst« ist keine unverrückbare Größe, die wir ein für alle Mal kennengelernt haben. Es ändert sich mit der Zeit und in Abhängigkeit von den Beziehungen, die wir eingehen. Je öfter wir herausgefordert werden, desto häufiger haben wir auch die Möglichkeit, uns der eigenen Identität zu versichern.

Wenn Sie ein Buch lesen oder die Nachrichten anschauen, Ihr fünfjähriger Sohn aber will, dass Sie mit ihm spielen, dann müssen Sie sich entscheiden. Entweder sagen Sie Ja, weil Sie lieber mit ihm spielen, oder Nein, weil Sie lieber fernsehen wollen.

»Nein, Michael, ich möchte jetzt nicht mit dir spielen.«
»Warum nicht?«
»Weil ich lieber fernsehen will, bis die Nachrichten vorbei sind.«

»Komm doch spielen!«

»Nein, nicht jetzt.«

»Dummer Papa.«

»Ja, ich kann verstehen, dass du das findest, aber so ist es eben.«

Darf man sich wirklich so verhalten? Fühlt sich das arme Kind dann nicht abgewiesen? Sich abgewiesen fühlen ist ein klassischer psychologischer Ausdruck, der ursprünglich die Empfindung von Kindern beschrieb, deren Eltern emotional konstant unerreichbar sind. Das führt oft dazu, dass Kinder sich ihr Leben lang abgewiesen fühlen, wenn jemand Nein zu ihnen sagt. Doch im obigen Beispiel wird das Kind nicht von einem gefühlskalten Vater beiseitegeschoben, sondern erhält die warmherzige und freundliche Mitteilung, dass dieser nicht mit ihm spielen will, solange die Nachrichten noch laufen. Das führt zwar zu einer gewissen Verärgerung und Enttäuschung, doch ist das nicht so tragisch. Der Dialog missglückt erst dann, wenn er unpersönlich wird:

»Nein! Siehst du nicht, dass ich fernsehe?«

»Warum denn nicht?«

»Das habe ich doch schon gesagt. Geh zu deiner Mutter!«

»Ach, bitte ...«

»Muss ich alles dreimal sagen! Jetzt halt deinen Mund, man versteht ja gar nichts mehr.«

Vermutlich liegt es an der eigenen Erinnerung oder am Unbehagen gegenüber dem zweiten Beispiel, dass manche Eltern dazu verleitet werden, sich lieber zwischen zwei Stühle zu setzen:

»Nicht jetzt, kleiner Schatz. Papa möchte noch ein bisschen fernsehen. Aber es dauert nicht mehr lange.«

»Warum willst du nicht mit mir spielen?«

»Natürlich will ich gern mit dir spielen, aber glaubst du nicht, dass du noch ein bisschen allein spielen könntest? Nur noch zehn Minuten, dann bist du ein großer Schatz, und dann kommt Papa auch und spielt mit dir.«

»Warum willst du immer nur fernsehen?«

»So viel schau ich nun auch wieder nicht.«

»Aber ich will, dass du jetzt mit mir spielst!«

»Lass mir doch noch etwas Zeit, mich zu entspannen, dann spiel ich mit dir. Vielleicht könntest du

*schon ein Buch aussuchen, dass ich dir dann nach-
her vorlese, ehe du ins Bett gehst ... Na gut, was
willst du spielen?«*

Das Ganze endet mit einer halbherzigen Einwilli-
gung, doch auf diese Weise bekommt keiner das,
was er braucht oder sich wünscht. Das Kind ist frustriert, weil es keinen richtigen Kontakt zu seinem
Vater bekommt, und der Vater ist frustriert, weil er
sich opfert, ohne durch ein zufriedenes Kind be-
lohnt zu werden. Frustrierte Kinder können sich
nicht harmonisch entwickeln, und frustrierte Erwachsene sind immer in der Defensive und haben
ein schlechtes Gewissen.

Es ist die Freude, Verantwortung für sich selbst
zu übernehmen, sowie die Akzeptanz, dass andere
Menschen dasselbe Recht haben, die das persönliche Nein warmherzig und konstruktiv machen.

Wenn Kinder ein persönliches Nein erhalten, lernen sie sehr schnell, die Bedürfnisse und Grenzen
anderer Menschen zu respektieren. Sie möchten
nichts lieber als mit ihren Eltern zu kooperieren
und können ohne Weiteres deren Persönlichkeit
akzeptieren. Zieht man stattdessen starre Grenzen
und verweist auf alte Regeln und Traditionen, wird

jedes gesunde Kind ein ums andere Mal versuchen, deren Gültigkeit zu testen.

Das Wissen darum, dass die Eltern meinen, was sie sagen, und sagen, was sie meinen, ist eines der besten und langlebigsten Geschenke, das wir unseren Kindern machen können.

Das maskuline und das feminine Nein

Als mein Sohn zwei, drei Jahre alt war, kam er manchmal zu mir und seiner Mutter, wenn wir am Schreibtisch saßen und arbeiteten. Er war neugierig und wollte gern mit uns zusammen sein. Wenn er mich am Hosenbein zog, um auf sich aufmerksam zu machen, bat ich ihn, einen Moment zu warten, und legte wichtige Papiere beiseite, damit sie nicht seinem Entdeckerdrang zum Opfer fielen. »Auch schreiben«, sagte er manchmal, sobald er auf meinem Schoß Platz genommen hatte, und nahm eifrig Papier und Bleistift zur Hand. Wenn ich nach einer Weile den Wunsch verspürte, meine Arbeit fortzusetzen, sagte ich ihm das, stellte ihn auf den Boden zurück und wandte mich sogleich wieder dem Text zu, an dem ich gerade arbeitete. Meistens zog er fröhlich ab, und wenn er manchmal frustriert darüber war, nicht genug Zeit bekommen zu haben, suchte er den Schoß seiner Mutter auf, die sich an anderer Stelle des Hauses befand.

Selbst wenn seine Mutter gerade am Schreibtisch saß und ebenfalls arbeitete, bekam er stets unverzüglich ihre volle Aufmerksamkeit. Sie räumte nicht zuerst ihre Unterlagen weg, sondern nahm ihn sogleich auf den Schoß, auch wenn das mitunter zur Folge hatte, dass sie nachher noch einmal von vorn anfangen musste. Nach einer Weile machte sie ihm gegenüber meist vorsichtige Andeutungen, dass sie eigentlich weiterarbeiten müsse, aber davon ließ er sich in seinem Tun und Lassen nicht beeinflussen. Wenn sie dann versuchte, ihn wieder auf den Boden zu stellen, sträubte er sich und klammerte sich an ihrem Bein fest. Falls ich in der Nähe war, warf sie mir vor, ich würde mich nie um ihn kümmern. So entwickelte sich aus einer harmlosen Angelegenheit ein kleines Familiendrama.

Die Situation ist klassisch und den meisten Familien vertraut, weil Männer oft weniger Schwierigkeiten damit haben, unmissverständlich Nein zu sagen, als Frauen. Ich bin unzähligen Paaren begegnet, die mir berichteten, dass die Frau viele Konflikte mit den Kindern hatte, wenn sie sich um sie kümmerte, wohingegen der Mann nur selten ähnliche Probleme bekam, wenn er mit den Kindern allein war. Anstatt voneinander zu lernen, verstrickten sich diese Paare in den üblichen Vorwürfen: Er warf ihr vor, zu nachgiebig und inkonsequent zu sein, während sie ihn für unsensibel und ungeschickt hielt.

Das »maskuline« oder definitive Nein ist jedoch keineswegs Männern und Vätern vorbehalten. Es gibt viele Mütter, die ebenfalls lernen, es anzuwenden. Ich habe keine Erklärung für diesen geschlechtsspezifischen Unterschied, doch vielleicht liegt die Ursache ganz einfach darin begründet, dass Frauen, historisch betrachtet, weit geringere Möglichkeiten hatten, zu sich selbst Ja zu sagen, als Männer, die sich – zumindest im Rahmen der Familie – freier entfalten konnten.

Es ist zweifellos eine Tatsache, dass viele Mütter (und ihre Kinder) davon profitieren würden, sich von Schuldbewusstsein und schlechtem Gewissen zu befreien, denn das schlechte Gewissen führt zu unklaren Formulierungen und zwingt die Kinder in ständige Konflikte hinein, weil sie keine klaren Botschaften erhalten.

In den letzten Jahren haben manche Väter allerdings dieselbe unglückselige Neigung entwickelt und scheuen Konflikte mit Frau und Kindern. Es ist nichts dagegen einzuwenden, stets den Konsens zu suchen, doch ist es gewiss unklug, um des lieben Friedens willen sich selbst zu verleugnen.

Manche Väter wissen gar nicht, wozu sie besonders geeignet sind, und glauben oft, es gehe nur um verschiedene Ansichten über die Kindererziehung. Darum sind sie auch nicht in der Lage, ihren Frauen und Freundinnen zu helfen, ein besseres Verhältnis zu den Kindern zu entwickeln. Was ärgerlich ist, denn ihre Partnerinnen hätten eine aktivere Unterstützung und Inspiration nötig, um sich – zum Wohle der ganzen Familie – besser um sich selbst zu kümmern. Sich zurückzulehnen und Kritik zu üben, ist zu bequem.

Das Nein dem Partner
gegenüber

Ohne die Bedeutung des Jas relativieren zu wollen, kann man seinem Partner kaum einen größeren Gefallen tun, als ihn darin zu bestärken, auch Nein zu sagen. Da sich viele von uns dessen nicht bewusst sind, brauchen sie Hilfe und Unterstützung:

> *»Wollen wir nicht meine Schwester am Wochenende besuchen?«*
>
> *»Hat sie etwa angerufen?«*
>
> *»Nein, aber wir haben sie schon so lange nicht mehr gesehen.«*
>
> *»Hm, eigentlich habe ich gedacht, wir könnten ...«*
>
> *»Eigentlich sind wir mal wieder an der Reihe. Das wird sicher sehr nett.«*
>
> *»Stimmt schon, aber so lange ist unser letzter Besuch nun auch wieder nicht her.«*
>
> *»Warum bist du immer so negativ, wenn ich etwas vorschlage oder wenn es sich um meine Familie dreht?«*
>
> *»Ich hab doch gar nicht gesagt, dass ich nicht will. Es ist nur ... okay, dann besuchen wir sie eben.«*

Nehmen solche Diskussionen überhand, entwickelt sich allmählich ein belastendes Klima wechselseitiger Anklagen und allgemeiner Gereiztheit. Natürlich kann man die Frau als manipulatorisch und den Mann als Waschlappen bezeichnen, aber das hilft keinem der beiden weiter. Hier kommt eine bessere Alternative:

»Wollen wir nicht meine Schwester am Wochenende besuchen?«

»Hat sie etwa angerufen?«

»Nein, aber wir haben sie schon so lange nicht mehr gesehen.«

»Hm, eigentlich habe ich gedacht, wir könnten ...«

»Ich würde sie gerne besuchen, aber du scheinst lieber etwas anderes machen zu wollen.«

»Nein, aber ...«

»Was willst du denn?«

»Am liebsten würde ich einfach ein ruhiges Wochenende zu Hause verbringen.«

»Du kannst meinen Vorschlag ruhig ablehnen.«

»Aber wirst du dann nicht sauer?«

»Kann schon sein, aber es regt mich viel mehr auf, wenn du nicht sagst, was du wirklich denkst. Ich würde zwar meine Schwester gern sehen, doch vor

allem will ich einen Mann, bei dem ich weiß, wo-
ran ich bin. Alles andere regelt sich schon.«

Sich so zu verhalten, ist das Klügste, was die Frau tun kann. Statt am Wochenende die gesamte Verantwortung mit sich herumzuschleppen, schiebt sie diese quasi zu ihm hinüber – nicht als Angriff, sondern als Einladung zu einer aufrichtigen Diskussion.

Es ist nichts dagegen einzuwenden, Sorge füreinander zu tragen und Rücksicht auf die Bedürfnisse und Grenzen des Partners zu nehmen, doch langfristig belastet es die Beziehung, wenn die Partner nicht lernen, Verantwortung für sich selbst zu übernehmen. In einem Liebesverhältnis ist die Eigenverantwortung nicht allein »meine Sache«. Sie geht immer beide an, weil man die Verantwortung, der man sich selbst entzieht, automatisch dem Partner aufbürdet.

So leicht es vielen Väter auch fallen mag, Nein zu ihren Kindern zu sagen, so sehr scheuen sich Männer oft, Nein zu ihren Frauen und Freundinnen zu sagen. Dafür gibt es natürlich viele gute Erklärungen – und auch einige richtig schlechte! –, die aufzuzählen an dieser Stelle zu weit führen würde.

Lassen Sie mich stattdessen einige der wichtigsten Konsequenzen aufzeigen, die das unausgesprochene Nein für beide Geschlechter hat:

→ Das Vertrauen Ihres Partners in Sie wird geschwächt, wie edel Ihre Motive auch sein mögen.

→ Die gegenseitige Nähe schwindet. Es fällt Ihnen zunehmend schwerer, einander nah zu sein, weil sich die unausgesprochenen Neins in Ihrem »System« anhäufen, Sie entweder aggressiv oder defensiv machen. Die vielen kleinen Neins fügen sich zu einem großen definitiven Nein! zur Partnerschaft zusammen.

→ Sie verlieren an Selbstrespekt und damit auch an Selbstwertgefühl.

→ Sie werden ein schlechteres Vorbild für Ihre Kinder.

Natürlich ist die Frage berechtigt, ob kleine kommunikative Schwächen denn wirklich so schlimm seien. Schließlich ist niemand perfekt, und viele Menschen kommen trotzdem gut miteinander klar. Das ist wohl wahr. Natürlich ist es Ihre Entscheidung, in welcher Weise Sie miteinander zusammenleben wollen.

Kinder brauchen Eltern, die so gute Rollenmodelle abgeben wie möglich, doch die Erfahrung lehrt uns, dass vor allem Jungen von Vätern profitieren, die Ja zu sich selbst und Nein zu ihren Partnerinnen sagen können. Mädchen haben dasselbe Bedürfnis in Bezug auf ihre Mütter, doch ihr Bedürfnis wird in der Regel eher befriedigt, weil die Mütter – im Vergleich zur vorigen Generation – inzwischen große Fortschritte darin gemacht haben, für sich selbst Sorge zu tragen. Hinzu kommt, dass Mädchen oft eine Phase durchlaufen, in der sie Nein zu ihren Müttern sagen, um herauszufinden, inwieweit sie ihnen gleichen.

Die Jungen hinken den Mädchen häufig hinterher, was die mentale und emotionale Entwicklung anbelangt – was zum Teil auch daran liegt, dass Mütter dazu neigen, ihre Söhne über Gebühr zu beschützen und zu bedienen. Die Jungen hingegen lernen oft nicht, zu ihren Müttern Nein zu sagen. Da Jungen jedoch nicht zu fürchten brauchen, irgendwann ihren Müttern zu ähneln, müssen sie weniger Kämpfe austragen als die Mädchen, um sich zu definieren. Umso mehr sind sie auf gute maskuline Rollenvorbilder angewiesen, auf Väter also, die erwachsen genug sind, zu ihrer Frau Nein zu sagen, wenn ihre Integrität auf dem Spiel steht.

Die Kunst, Nein zu seinem erwachsenen Partner und zu seinen guten Freunden zu sagen, unterscheidet sich nicht von der Kunst, Nein zu seinen Kindern zu sagen, weil sie auf der Fähigkeit und dem Willen des Individuums basiert, guten Gewissens zu sich selbst Ja zu sagen. Viele von uns müssen zunächst damit beginnen und geduldig darauf warten, dass das gute Gewissen allmählich die Schichten des Schuldbewusstseins, des schlechten Gewissens und der Verlustangst durchdringt, die so hart und dick sein können wie der Straßenbelag einer Autobahn. Wir haben jedes Recht, Ja und Nein zu sagen, wie es uns passt, doch ist es ein Recht, das sich auf unsere eigene Initiative gründen muss. Auf dem Silbertablett bekommen wir es in den seltensten Fällen serviert.

Und dürfen auch Kinder
Nein zu ihren Eltern sagen?

Sollen auch Kinder die Kunst erlernen, Nein zu sagen, was die Möglichkeit mit einschließt, dass sie Nein zu ihren Eltern sagen? Die Antwort hängt ausschließlich davon ab, was die Eltern wollen und welche Ziele sie haben.

Es ist ein wohlgehütetes Geheimnis, dass ein Großteil der Worte, die wir Erziehende an unsere Kinder richten, bei diesen nur einen schwachen, flüchtigen Eindruck hinterlässt. Was hingegen bleibenden Eindruck macht und maßgeblichen Einfluss auf ihre Entwicklung und ihr Verhalten nimmt, sind unsere Handlungen. Es ist die Art und Weise, mit der wir als Persönlichkeit gegenwärtig sind und unseren Platz in der Welt einnehmen, die für die Entwicklung unserer Kinder von entscheidender Bedeutung ist. Das heißt, dass wir als Erzieher dann den größten Erfolg haben, wenn unsere Worte mit unseren Taten und unserer individuellen Persönlichkeit in Einklang stehen.

Das bedeutet natürlich auch, dass wir sowohl die lebensbejahenden als auch die selbstdestruktiven

Seiten unserer Persönlichkeit an unsere Kinder (kraft deren Fähigkeit und Willen zur Zusammenarbeit) weitergeben und womöglich selbst von unseren Eltern »geerbt« haben.

Haben wir nur ein Kind, dann ist die Chance groß, dass es einem der Eltern ähnelt. Bei zwei Kindern teilt sich die Ähnlichkeit oft auf beide Eltern auf. Nummer drei, vier und fünf haben, existenziell betrachtet, einen größeren Freiraum, und vielleicht ist es kein Zufall, dass viele der kreativsten Menschen, die der Welt bekannt sind, in der Geschwisterreihenfolge an dritter Stelle kamen.

In diesem Zusammenhang sollten wir uns vergegenwärtigen, dass unser konkretes äußeres und inneres Verhalten oft nicht mit dem übereinstimmt, was wir im Kopf haben (unser Selbstbild) oder im Mund führen (unsere Ansichten und Überzeugungen). Viele Frauen haben zum Beispiel in den letzten vierzig Jahren versucht, sich von der Bürde zu befreien, immer alles »richtig« machen zu wollen, doch wird ihr begrenzter Erfolg schon dadurch ersichtlich, dass erstaunlich viele junge Frauen sich dieses Joch heute freiwillig wieder auferlegen. Darum sollte man sich stets fragen, welche Ziele man mit der eigenen Erziehung überhaupt ver-

folgt. Im Großen und Ganzen gibt es zwei Möglichkeiten:

→ Ist die Erziehung kurzsichtig und hangelt sich sozusagen von Tag zu Tag, dann geht es den Erzie-
henden meist darum, wie sich die Kinder uns
und anderen gegenüber verhalten sollen. (Wohl-
gemerkt, während sie noch Kinder sind.)

→ Ist die Erziehung weitsichtig, geht es den Erzie-
henden darum, welche Werte und welches persönliche und soziale Verhalten sie ihren Kindern
für deren späteres Leben mit auf den Weg geben
wollen, damit ihre mentale und soziale Gesund-
heit so gut wie möglich gesichert ist.

Über Generationen hinweg standen diese beiden
Ziele im Konflikt miteinander und sie tun dies teilweise noch heute. Manche Schulen und Lehrer
wünschen sich ganz offensichtlich Schüler, die so
gehorsam und angepasst sind, dass sie später im
Leben Probleme bekommen werden. Es ist uns bis
heute nicht gelungen, eine Gesellschaft zu entwickeln, die die persönliche Verantwortung des Individuums in den Mittelpunkt stellt.

Noch vor einer Generation wurde es teils als un-
erhört betrachtet, wenn Kinder Nein zu ihren El-

tern sagten. Das galt als Zeichen von Ungehorsam, als Ergebnis mangelnder Erziehung, als ungebührliches Benehmen oder einfach als Ausdruck von Trotz. Die Erwachsenen sahen dies als eine Einladung zum Machtkampf an, den sie selbstverständlich gewinnen wollten.

In den letzten Jahren ist die Forderung nach Gehorsam allmählich leiser geworden. Es begann mit der Erkenntnis, dass es durchaus in Ordnung ist, verschiedene Meinungen und Überzeugungen (die demokratischen Werte) zu vertreten, und heute geht die Entwicklung dahin, dass auch Kindern und Jugendlichen das Recht auf eigene Grenzen sowie das Recht, für diese zu kämpfen (die existenziellen Werte), zugestanden wird.

Wie zuvor bereits erwähnt, sind selbst Neugeborene schon in der Lage, ihre Bedürfnisse und Grenzen – die ich als ihre »persönliche Integrität« bezeichne – zum Ausdruck zu bringen, doch sind sie nicht fähig, für diese zu kämpfen und sich gegen Übergriffe zu verteidigen. Nur Kinder, deren Eltern willig sind, die Kunst des Neinsagens zu erlernen, sind in der Lage, sich selbst sowie die Integrität anderer zu respektieren. Darum muss in einer intakten Familie akzeptiert, mehr noch: Wert darauf gelegt werden, dass die Kinder ihren Eltern die Kunst des Neinsagens regelrecht abluchsen und sodann auf ihre Eltern, Geschwister und Großeltern anwenden. Im Vergleich zu ihren Eltern tun Kinder dies ohnehin sehr viel weniger, als sie eigentlich sollten. Ihre Fähigkeit und ihr Wille zur Anpassung sind der dominierende Faktor.

Ebenso wie im Verhältnis unter Erwachsenen heißt das nicht, dass Eltern demütig ihr Haupt beugen und sich dem Willen ihrer Kinder unterwerfen sollen, wenn ihnen diese ein Nein entgegenhalten. Es bedeutet nur, dass sie das Nein ihrer Kinder ernst nehmen und ihnen prinzipiell ein Recht darauf zubilligen müssen.

Wir leben in einer Welt, in der fünfundachtzig Prozent aller Kinder regelmäßig physischer und psychischer Gewalt sowie ernsthaften Übergriffen von Erwachsenen ausgesetzt sind, die ihre persönliche Integrität verletzen. Hinzu kommen die Übergriffe anderer Kinder und Jugendlicher, die einen gewalttätigen oder sexuellen Charakter haben, wie Mobbing, Zwang oder Vergewaltigung. Wir können zu diesen Erscheinungen einen moralischen oder juristischen Standpunkt einnehmen; vorbeugen kann man ihnen nur, wenn Kinder in einem Milieu aufwachsen dürfen, in dem ihre persönliche Integrität respektiert wird und in dem sie systematisch lernen, ihre eigenen Bedürfnisse und Grenzen zu bejahen – mit Selbstrespekt, ohne jedes Scham- oder Schuldgefühl.

Eines der größten Probleme von Kindern ist, dass ihnen kein Respekt für die verschiedenen Arten entgegengebracht wird, in denen sie Nein sagen. Bis zur Pubertät haben es Kinder sehr schwer, ihr verbales Nein auf eine Art und Weise zu artikulieren, die von den Erwachsenen gehört und ernst genommen wird. Daher entwickeln sie mitunter verhaltensspezifische und psychosomatische Signale und Symptome. Wir bemerken dies an der enorm gestiegenen Anzahl von Kindern, die aufgrund von Stress in der Familie ins Krankenhaus eingeliefert werden. So wie die Mehrzahl der Erwachsenen können auch sie ihr Unbehagen nicht verbalisieren. Darum übernimmt der Körper diese Aufgabe und sagt Nein in Form von Kopf- und Bauchschmerzen, Schwindel, Konzentrationsproblemen etc.

Auch wenn wir uns möglicherweise von der Idee verabschiedet haben, dass unsere Kinder um fast jeden Preis gehorsam sein sollen, möchten wir doch gern weiterhin, dass sie auf uns hören und in etwa das tun, was wir ihnen sagen – ganz gleich, ob es ums Zähneputzen, die Hausaufgaben oder das Aufräumen ihres Zimmers geht. Wir sind froh, wenn sie kooperieren! Das führt uns zum am zweitbesten bewahrten Geheimnis von Erziehern und Pädagogen:

Wenn Kinder mit Fürsorge und Respekt für ihre persönlichen Grenzen behandelt werden, dann hören sie tatsächlich auf das, was ihre Eltern sagen, und halten sich in der Regel auch daran. Vielleicht nicht immer und vielleicht auch nicht mit großer Begeisterung, doch im Großen und Ganzen tun sie es.

Viele Erwachsene unserer Zeit haben in ihrer eigenen Kindheit und Jugend zahlreiche Kränkungen erlebt und verneinen in erheblichem Maß deren schädliche Auswirkungen. Zum Teil haben sie auch eine gewisse Lebensangst entwickelt, die dazu führt, dass sie den Lebenshunger der Kinder und die Selbstverständlichkeit, mit der diese ihren Platz in der Welt beanspruchen, als provozierend empfinden, wenn sie es nicht gar persönlich nehmen.

All dies bedeutet natürlich, dass wir als Eltern das Recht und die Möglichkeiten unserer Kinder, Nein zu sagen (also sich selbst zu bejahen), aus zwei verschiedenen Blickwinkeln betrachten. Dessen sollten wir uns im täglichen Umgang mit ihnen stets bewusst sein. Wir wünschen uns sehr, dass sie Ja zu uns, zu unseren Forderungen und Erwartungen sagen. Wir fürchten andererseits auch, dass sie womöglich nicht in der Lage sein könnten, zu den Dingen Nein zu sagen, die wir als falsch und schädlich empfinden, zum Beispiel schlechte Freunde und vieles mehr. Schlechte Freunde nutzen ja gerade die Tatsache aus, dass Ihr Kind nicht vorbehaltlos Ja zu sich selbst sagt und daher manipulierbar ist.

Es gibt sehr wohl Kinder und Jugendliche, die das Privileg genießen, guten Gewissens zu ihren individuellen Grenzen, Bedürfnissen und Werten zu stehen. Sie befinden sich noch in der Minderheit, doch mobben sie nie und werden niemals gemobbt. Sie stehlen nicht in Geschäften, auch wenn die Freunde es tun. Sie entwickeln ihre Sexualität zu ihren eigenen Bedingungen. Sie diskutieren mit Erwachsenen offen über ihre Meinungsunterschiede. Sie werden weder drogen- noch alkoholsüchtig – jede Form der Abhängigkeit ist ihnen fremd. Hingegen fühlen sie sich oft anders als ihre Gleich-altrigen, und vor allem Mädchen und junge Frauen haben häufig Schwierigkeiten, einen ebenbürtigen Freund oder Partner zu finden.

Es kann einen schon in Erstaunen versetzen, in welch hohem Maß Kinder die Welt auf dieselbe Art und Weise erleben wie Erwachsene, die mit viel Mühe gelernt haben, sich selbst ernst zu nehmen. Es findet sich wohl kaum ein Mensch, der die per-fekte Balance zwischen Individualität und Zugehö-rigkeit gefunden hat, doch wenn man sich selbst und seinen Kindern ermöglicht, Ja zu sich selbst zu sagen, verfügt man über ein Kontrollinstrument, das sofort einen warnenden Pfeifton von sich gibt, wenn das Ungleichgewicht zu groß wird.

Anhang

Bücher und DVDs von Jesper Juul

Bücher

JUUL, Jesper: *Aggression: Warum sie für uns und unsere Kinder notwendig ist.* Hrsg. v. Ingeborg Szöllösi. Frankfurt: S. Fischer, 2014

JUUL, Jesper: *Aus Erziehung wird Beziehung. Authentische Eltern – kompetente Kinder.* Hrsg. v. Ingeborg Szöllösi. Freiburg: Herder, 2005

JUUL, Jesper: *Aus Stiefeltern werden Bonus-Eltern. Chancen und Herausforderungen für Patchwork-Familien.* Weinheim und Basel: Beltz, 2015

JUUL, Jesper: *Das Familienhaus: Wie Große und Kleine gut miteinander auskommen.* Weinheim und Basel: Beltz, 2015

JUUL, Jesper: *Dein kompetentes Kind. Auf dem Weg zu einer neuen Wertegrundlage für die ganze Familie.* Reinbek: Rowohlt, 2009

JUUL, Jesper: *Die kompetente Familie. Neue Wege in der Erziehung.* Weinheim und Basel: Beltz, 2015

JUUL, Jesper: Elterncoaching: Gelassen erziehen. Weinheim und Basel: Beltz, 2014

JUUL, Jesper: *Familienberatung – Perspektiven und Prozess.* München: Mathias Voelchert GmbH edition + plus, 2012

JUUL, Jesper / LAURITSEN, Pernille W.: *Frag Jesper Juul – Gespräche mit Eltern*. Weinheim und Basel: Beltz, 2012

JUUL, Jesper: *Grenzen, Nähe, Respekt. Auf dem Weg zur kompetenten Eltern-Kind-Beziehung*. Reinbek: Rowohlt, 2009

JUUL, Jesper: *Mann und Vater sein*. Hrsg. v. Ingeborg Szöllösi. Freiburg: Kreuz, 2011

JUUL, Jesper / HØEG, Peter / BERTELSEN, Jes / HILDE-BRANDT, Steen / JENSEN, Helle / STUBBERUP, Michael: *Miteinander. Wie Empathie Kinder stark macht*. Weinheim und Basel: Beltz, 2014

JUUL, Jesper: *Nein aus Liebe: Klare Eltern – starke Kinder*. Weinheim und Basel: Beltz, 2014

JUUL, Jesper: *Pubertät – wenn Erziehen nicht mehr geht: Gelassen durch stürmische Zeiten*. München: Kösel, 2010

JUUL, Jesper: *Schulinfarkt: Was wir tun können, damit es Kindern, Eltern und Lehrern besser geht*. München: Kösel, 2013

JUUL, Jesper: *Unser Kind ist chronisch krank. Ein Ratgeber für Eltern*. Weinheim und Basel: Beltz, 2014

JUUL, Jesper: *Vier Werte, die Kinder ein Leben lang tragen*. München: Gräfe und Unzer, 2012

JUUL, Jesper: *Vier Werte, die Kinder und Jugendliche durch die Pubertät tragen*. München: Gräfe und Unzer, 2015

JUUL, Jesper / JENSEN, Helle: *Vom Gehorsam zur Verantwortung. Für eine neue Erziehungskultur*. Weinheim und Basel: Beltz, 2012

JUUL, Jesper: *Was Familien trägt. Werte in Erziehung und Partnerschaft. Ein Orientierungsbuch.* Weinheim und Basel: Beltz, 2013

JUUL, Jesper: *Was gibt's heute? Gemeinsam essen macht Familie stark.* Weinheim und Basel: Beltz, 2015

JUUL, Jesper: *Wem gehören unsere Kinder? Dem Staat, den Eltern oder sich selbst? Ansichten zur Frühbetreuung.* Weinheim und Basel: Beltz, 2012

JUUL, Jesper: *Wir sind für dich da. 10 Tipps für authentische Eltern.* Freiburg: Kreuz, 2014

DVDs – eine Auswahl

JUUL, Jesper / JENSEN, Helle: *Die 9. Intelligenz – die Intelligenz des Herzens.* DVD. München: familylab, 2010

JUUL, Jesper / HÜTHER, Gerald: *Erziehen mit Herz und Hirn.* DVD. München: familylab, 2008

JUUL, Jesper: *Was erzieht wirklich? »Die kompetente Familie«: Ein Vortrag von Jesper Juul auf DVD.* Weinheim und Basel: Beltz, 2010

JUUL, Jesper: *Wenn Kinder Jugendliche werden. Ein Vortrag von Jesper Juul auf DVD.* Weinheim und Basel: Beltz, 2010

familylab –
die Familienwerkstatt

familylab bietet Eltern wertvolle Inspiration und Beratung. Wir ermuntern Eltern gemeinsam zu erforschen, wer sie sind und was sie sich wünschen – bezogen auf ihre Familie im Allgemeinen ebenso wie auf aktuelle Konflikte, die sie erfahren. *familylab* gibt es in vielen Ländern: Dänemark, Norwegen, Schweden, Deutschland, Österreich, der Schweiz, Kroatien, Slowenien, Polen, Italien, Frankreich, England, Australien, Neuseeland, Südamerika. Weitere Länder werden folgen.

Was Sie als Eltern von familylab erwarten können
Wir bieten Ihnen Beratung, Vorträge und Workshops durch qualifizierte Fachleute in Ihrer Nähe. Im Internet finden Sie umfangreiche Informationen rund um das Zusammenleben in der Familie, dazu kostenlose Videos, Downloads, Interviews, Veranstaltungshinweise, Bücher/DVD-shop, den *familylab*-newsletter und vieles mehr.

familylab für Firmen und Schulen
Wir bieten Inspiration, Vorträge und Workshops für Firmen und ihre Mitarbeiter sowie für Schulen, Leitungsteams und Lehrer an. Schreiben Sie uns!

Weiterbildung zur familylab-Seminarleiterin/zum familylab-Seminarleiter

Wenn Sie Eltern mögen und vertrauen und wenn Sie mithelfen wollen, dass die Beziehungen zwischen Eltern und ihren Kindern noch besser werden, dann beachten Sie unser Weiterbildungsangebot zur *familylab*-Seminarleiterin/zum *familylab*-Seminarleiter. Wir suchen Fachleute mit mindestens fünf Jahren Berufserfahrung, die sich für ein neues, außergewöhnliches Projekt für Eltern in Deutschland/Österreich/der Schweiz engagieren wollen. Wir bieten Ihnen ein intensives, achttägiges Training mit einem zertifizierten Abschluss durch *familylab* an, sowie fortlaufende qualifizierte Weiterbildungen. Das Training findet auf Deutsch statt.

Alle Institute von *familylab* bieten Beratung, Vorträge und Workshops für Eltern, wie auch für Firmen und Schulen an, sowie Weiterbildungen für Fachleute.

Deutschland
familylab.de – die familienwerkstatt
Mathias Voelchert GmbH
Amalienstraße 71
80799 München
www.familylab.de
info@familylab.de
0049-(0)89-21949971

Österreich
familylab.at
Katharina Weiner GmbH
Neuwaldegger Straße 35/2/4
A-1110 Wien
0043-(0)650-9933961
info@familylab.at
www.familylab.at

Schweiz
familylab.ch
Family Management GmbH
Caroline Märki-von Zeerleder
Lindenhofrain 6
CH-8708 Männedorf
0041-(0)78-7883879
cmaerki@familylab.ch
www.familylab.ch

Über den Autor

Jesper Juul, 1948 in Dänemark geboren, ist Lehrer, Familientherapeut, Konfliktberater und Buchautor. Lange Jahre war er Leiter des von ihm gegründeten »Kempler Instituts Skandinavien«. 2004 gründete er »familylab international«, das er heute leitet.

1972 schloss er sein Studium der Geschichte, Religionspädagogik und europäischen Geistesgeschichte ab. Statt die Lehrerlaufbahn einzuschlagen, nahm er eine Stelle als Heimerzieher und später als Sozialarbeiter an und bildete sich in Holland und den USA bei Walter Kempler zum Familientherapeuten weiter. Kempler gehörte zu denjenigen Mitarbeitern von Fritz Perls, die die Gestalttherapie seit Mitte der siebziger Jahre nach Europa brachten. Jesper Juul entwickelte daraus eine eigenständige Therapie- und Beratungsform: Kurzzeitinterventionen mit der ganzen Familie, handlungsorientiert und praxisnah. Ziel der Arbeit ist es, die Eltern bei der Suche nach neuen Wegen in der Erziehung zu unterstützen und nicht, sie in ihrem Versagen zu bestätigen, was ihnen, so Jesper Juul, jedoch regelmäßig widerfahre, wenn sie in ihrer Ratlosigkeit Erziehungsexperten konsultierten.

Jesper Juul ist Autor von über 40 Büchern und DVDs, die in viele Sprachen übersetzt wurden. Er lebt in Dänemark.